中学校数学サポートBOOKS

中学校数学科
ペア・グループ学習
を位置づけた
# 対話型授業

三橋 和博 著

# はじめに

　今，全国の中学校で「主体的・対話的で深い学び」の実現に向けた授業改善が進められています。その実現のためには，生徒一人ひとりが，問題解決に向けて主体的に取り組むだけでなく，対話によって自分の考えを広げたり深めたりすることが求められます。そこで，現場では，ペア学習やグループ学習を取り入れた授業が増えてきました。

　しかし同時に，ペア学習やグループ学習がうまく機能していかないという教師の声も多く聞かれるようになってきました。授業の最初に問題を提示し，「さあ，グループで考えてみましょう」と指示するだけでは，グループ学習はうまくいくはずがありません。数学の得意な生徒が，自分の考えを一方的に他の生徒に伝えるだけのグループ学習になっていたり，グループ学習後の発表でも代表が一方的に伝えるだけになっていたり，とても対話的な学びとは言えません。

　また，そのような流れもあってか，近年ではペア学習やグループ学習をうまく機能させるような工夫に関する書籍も目にするようになってきました。しかし，グループ学習そのものに焦点を当て，ペア・グループ学習の技法について書かれている書籍はあまり多くはありませんでした。

　学習のねらいや学習場面，生徒の実態によって，最適なペア・グループ学習の技法を選択することも，ペア学習やグループ学習を有効に機能させるための重要なポイントの一つです。前書『高校入試のつまずきを克服する！中学校数学科　アクティブ・ラーニング型授業』では，アクティブ・ラーニングの技法を学習のねらいや学習場面，生徒の実態によって選択できるように整理し，学習課題と技法の組み合わせでグループ学習を活性化させ，生徒の資質・能力や高校入試にも対応する力を育てる方法を提案しました。

　本書では，その提案からさらに一歩進め，ペア学習やグループ学習の中の「対話」にこだわってみました。

例えば，生徒に伝える「相手」を意識させるだけでも，「この表現で相手にうまく伝わるのだろうか？」という自己内対話が生まれます。その他にも，どのような「手段」で発表するかについて考え直すことや，一度発表した内容を自分たちで「評価」し，次の発表に向けて見直すことによっても，生徒の学びは深まっていきます。

　このように「相手意識」「手段意識」「目的意識」「評価意識」「方法意識」の5つの意識を取り入れることで，生徒の学習が変わっていくのです。どの意見や考えを学級全体の前で発表しようかといった「競争」から，それぞれの考えを関連づけ合ったり，間違いまでも発表に生かしたりするような「共創」に変化していったのです。双方向のコミュニケーションを図ることによって，生徒は自分がわからなかったことがわかったり，知らなかったことを知ることができたり，気づかなかったことに気づけたりするのです。そこには，一方的に他の人に伝えるだけのグループ学習は存在せず，自然と対話的な学びが生まれていました。

　そこで，対話型授業を「対話を中心活動とする授業」から広げ，その可能性を追究することにしました。そこから，5つの意識を取り入れた7つの新しい対話型授業が生まれました。


　本書では，5つの意識のうち，教師がどれを生徒たちに意識させたいかによって，対話型授業が選択できるようになっています。そして，その授業の具体的な実践例も紹介しています。また，7つの対話型授業の実践が「仏作って魂入れず」にならないように，その考え方やうまく機能させるためのポイントについても詳しく説明をしています。そのため，明日からでもすぐに先生方に活用していただけるものになっているはずです。


　本書が，先生方の授業実践に少しでもお役に立てれば幸いです。
令和元年5月

三橋　和博

# Contents

はじめに

## 第1章
### ペア・グループ学習を機能させる
# 対話型授業とは

**1** 主体的・対話的で深い学びだから，ペア・グループ学習？ ……… 10

**2** ペア・グループ学習がうまく機能しないのはなぜ？ ……… 12

**3** 「カラオケ学習」を克服するためには？ ……… 13

**4** 目的があれば，ペア・グループ学習が機能する？ ……… 15

**5** ペア・グループ学習のよさ ……… 17

**6** 「競争」から「共創」へ ……… 19

**7** 新しい対話型授業 ……… 21

# 第2章
## 対話型授業の
## 具体的技法

スリーステップ法―主として相手を意識させる対話型授業 ……………… 24

エキスパート・ペア・シェア―主として手段を意識させる対話型授業 ……… 31

ＡＤＭ法―主として目的を意識させる対話型授業 ………………………… 35

知の総合化ノート―主として評価を意識させる対話型授業 ……………… 42

ＢＳＩ法―主として評価を意識させる対話型授業 ………………………… 49

フィードバック学習法―主として評価を意識させる対話型授業 …………… 54

３ＱＳ―主として方法を意識させる対話型授業 …………………………… 59

# 第3章
## ペア・グループ学習を位置づけた
# 対話型授業モデル

## 1年

スタンダール君の疑問に答えてあげよう（正の数・負の数）········· 66

結婚できる年齢がわかるって本当？（文字の式）············· 70

どちらの解き方で解くの？（一次方程式）··············· 74

この紙の束は何枚？（比例，反比例）················· 78

ＦＣＢ（ファンクション・カード・バトル）をしよう（比例，反比例）······ 82

## 2年

友だちの間違いはなぜ起こるの？（式の計算）············· 86

必勝法を見つけろ（連立方程式）·················· 90

的当てゲームをしよう（連立方程式）················ 96

面積が変わる図形？（一次関数）································· 100

携帯電話ショップの店員になってみよう（一次関数）············· 104

この人の五角形の内角の和の求め方は？（基本的な平面図形の性質）······· 108

パウル君のすごさを表現するには？（確率）················· 112

挑戦状を受けますか？（確率）························ 116

# 3年

9マス計算を速く解くためには？（式の展開と因数分解）··········· 120

多項式の乗法カードゲームをしよう（式の展開と因数分解）········· 124

聖徳太子の伝説に挑戦しよう（式の展開と因数分解）············ 128

素数ゲームをしよう（式の展開と因数分解）································· 134

二次方程式の解の公式を見つけよう（二次方程式）······················ 138

全部で何試合？（二次方程式）····························································· 142

先生の夢を叶えてあげよう（関数 $y = ax^2$）································ 146

あぶない！　運転中に携帯電話はダメ！（関数 $y = ax^2$）········· 150

先生，テニスのサーブの打点は？（図形の相似）························· 154


おわりに

# 第1章

ペア・グループ学習を機能させる

## 対話型授業とは

## 1 主体的・対話的で深い学びだから，ペア・グループ学習？

　新学習指導要領において，主体的・対話的で深い学びの実現を目指す授業改善の視点が述べられてから，次のような授業をよく見かけるようになった。

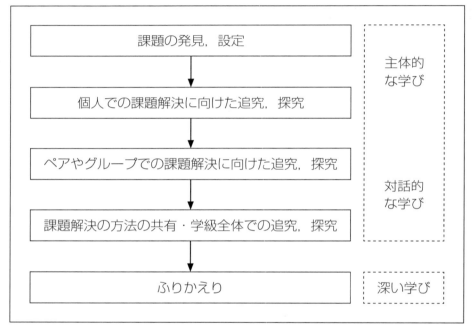

　ある研究会に参加したときのことである。
「なぜ，グループ学習を用いているのですか？」
と質問すると，
「新学習指導要領になったら，主体的・対話的な学びの授業をしなければいけないから」
という，唖然とする答えが返ってきた。
　そもそも，「主体的・対話的な学び＝グループ学習」なのかという疑問もさることながら，新学習指導要領に書かれているからやるというのもどうだろう。

これまでも，文部科学省が打ち出すと，

「そんな授業をしなければいけない」

「そのような授業はどのような授業なのか？」

「授業の型を知りたい」

といったような流れになってしまいがちであった。

　型を知ろうとしてはいけないのか，と言われると必ずしもそうではない。「主体的・対話的で深い学びと言われているからしなければならない」「主体的・対話的で深い学びとはこういう授業だ」というものに，とらわれすぎることが問題だと言っているのである。

　それを危惧してか，文部科学省も答申（2016）で次のように述べている。

　「形式的に対話型を取り入れた授業や特定の指導の型を目指した技術の改善にとどまるものではなく，子供たちそれぞれの興味や関心を基に，一人一人の個性に応じた多様で質の高い学びを引き出すことを意図するものであり，さらに，それを通してどのような資質・能力を育むかという観点から，学習の在り方そのものの問い直しを目指すものである」

　目の前の生徒たちに伸ばしていきたい資質・能力があって，そのために，ペア学習やグループ学習（以後，「ペア・グループ学習」と略する）を行うのであって，主体的・対話的で深い学びが新学習指導要領で取り上げられているから，グループ学習をするのではないということである。

　筆者が，ペア・グループ学習の研究を進めてきたのは，主体的・対話的で深い学びが打ち出されたからではない。生徒たちの資質・能力を伸ばしていくために，それらが有効だと考えたからである。

「なぜ，ペア・グループ学習を用いるのか？」

と聞かれたら，それは，「効果があったから」「ペア・グループ学習だからこそ成長した生徒に出会った」と答えるだろう。

## 2 ペア・グループ学習がうまく機能しないのはなぜ？

　しかし最近，研究会に参加すると，
　「ペア・グループ学習がうまく機能しない」
という声をよく聞くようになった。これは，ペア・グループ学習を取り入れ
ている授業が多くなったからだと肯定的に捉えていこうと思う反面，授業を
実際に見ると，うまく機能していないことに落胆してしまう。そんな授業の
多くは，「カラオケ学習」になっている。

　「カラオケ学習」とは何か？　それは，筆者が次のようなカラオケボック
スの様子にたとえて名づけた表現である。
　その様子とは，カラオケでマイクを持って歌っている人がいる。その他の
人は，歌を聴いているようにも見えるが，心は自分の歌の選曲でいっぱいで
ある。歌っている人が歌い終わると，とりあえず拍手をする。歌の得意な人
はその後，2，3曲と歌い続けるが，歌の苦手な人はとりあえず1曲歌えば
後は聴いているのみである。
　これと同じようなことを，グループ学習で見たことはないだろうか。
　グループで，一人ずつ順番に自分の考えを発表する。次に発表する人は，
発表の内容を聞いているかどうかわからない表情で，ひょっとしたら頭の中
では自分が発表する内容を準備している。発表が終わると，とりあえず拍手
をする。数学の得意な生徒は，堂々と発表する。しかし，自分の考えに自信
のない生徒は，自分の発表が終わればほっとしているだけである。そして，
得意な生徒がグループの発表内容をまとめ，全体の前で発表する。
　このような学習では，ペア・グループ学習が機能していないと感じるのは
当然である。「カラオケ学習」の問題点は次に挙げられる。
・それぞれの考えを発表し合うだけで終わっている。
・話し合いに積極的でない生徒がいて，得意な生徒だけがまとめて発表して
　いる。

## 3 「カラオケ学習」を克服するためには？

　上記のようなグループ学習の問題点を解決する方法はないだろうか。

　グループ学習が，それぞれの考えを発表し合うだけで終わっているのは，話し合いと言いながらも，「個人の考えを発表すること」が目的になっているからである。

　そこで，「聴くこと」を目的に取り入れてみてはどうだろうか。例えば，一人が発表した後に，その人の考えを要約して返させてみてはどうだろうか。そうすれば，自然とその人の考えを聴くようになるし，内容を理解しようとする。また，自分の考えと比較したり，自分の考えとの共通点を考えたりすることにもつながる。

　このように，目的を定めて少し活動を工夫するだけで，単なる発表をするだけのグループ学習も変えることができるのである。


　ここで，筆者がペア・グループ学習の研究を進めようと思った理由を紹介したいと思う。それは，ある生徒との出会いであった。

　Ａさんは，数学が得意であり，授業中に課題を提示するとすぐに解き，もっと難しい課題を要求して，それができるとさらにもっと難しい課題を要求する生徒であった。グループ学習をすると，一人で解いてしまい，全体での発表も一人でこなしてしまった。

　Ａさんのグループをよく観察してみると，

　「あと２分くらいで終わりになります。そろそろ，ホワイトボードにまとめてくださいね」

と教師が学級全体に声をかけると，他の人がＡさんに，

　「そろそろ，できた？」

と声をかける始末である。

　とてもグループ学習が行われていると言えない。それでも，Ａさんが学級全体の前ですばらしい発表をし，他のクラスメートから賞賛を得る。Ａさん

第１章　ペア・グループ学習を機能させる対話型授業とは　**13**

は賞賛を得て，自分に任せておけばよいという気持ちになり，他のグループの人はますますやる気をなくしていった。

その状況を克服するために，グループ学習の後の全体発表を，代表者が行うのではなく，誰が発表するかわからないようにする「くじびき方式」を取り入れることにした。つまり，グループ学習の目的を「課題を解いて学級全体で発表する」から「課題を解き，グループの全員が学級全体の前で発表できるように理解する」に変えたのである。

Ａさんのとまどいは大きかった。Ａさんにとって自分が発表するのは簡単であったが，他の人に説明して理解してもらうのは容易ではなかった。相手に合わせて，自分の説明を見直していく必要があった。

何度も何度も自分の考えを自分自身で検討する作業は，Ａさんにとって，ストレスを感じるものだった。しかし，最初はＡさんもイライラしている様子だったが，グループ学習を重ねていくうちに笑顔が増えるようになった。Ａさんに話を聞くと，

「説明してわかってもらえたときのうれしさは，難しい問題を解くことができたときの喜びを超えています」
と語った。

自分の理解にしか興味がなかったＡさんが，友だちの理解に喜びを感じるようになった。人間的な成長にもつながっていった。もちろん，数学の力も伸びていった。

答えが正解か不正解かにしか興味がなく，正解に辿り着けば終わりだったのが，一つの課題に対してもっと他に解き方がないかと考えるようになった。その過程が，その生徒の学びを深くしていった。


ペア・グループ学習がもつ可能性を感じるようになったのは，この生徒との出会いがきっかけであった。そして，グループ学習の目的を変えるだけで，こんなにも学びが変わるのかと実感した瞬間でもあった。

## 4 目的があれば，ペア・グループ学習が機能する？

それでは，ペア・グループとしての目的があれば，ペア・グループ学習が機能するのだろうか。ペア・グループ学習がうまく機能しない要因は他にもある。例えば，その一つが「同調バイアス」である。

職員会議でこのような経験をしたことはないだろうか。

ある担当から一つの提案が出された。

「その提案はよくない」

と思っていたら，他の教師からは賛同の言葉が出た。

「えっ」

と思っていると，また違う教師からも賛同の言葉が続く。そのうちに意見を求められ，その場の空気に流されてつい賛同してしまった。

このような状況を同調バイアスと言う。

つまり，同調バイアスとは，他者や集団からの圧力を受けて思考や行動を合わせてしまうことである。

このことについては，社会心理学者Ｓ・アッシュの実験が広く知られている。

大学生8人を1組にして，ある長さの棒を見せる。次に，明らかに長さの違う3本の棒を見せて，先ほどと同じ長さの棒がどれか言い当ててもらうという実験である。明らかに，間違いようのない問題である。しかし，8人のうち7人は実験への協力者であり，本当の回答者は8番目の人だけである。つまり，前の7人の答えが，回答者の答えにどれくらい影響があるかを調べようという実験である。

結果は驚くべきものであった。1人で考えたり，前の7人が正しい回答をしたりしたときは，間違えることはほとんどなかった。ところが，前の7人全員がわざと間違った答えを選ぶと，それに同調して誤答率が32％になってしまったのである。

第1章　ペア・グループ学習を機能させる対話型授業とは　15

どうして，そんなことが起こるのだろうか。

それには，２つの原因が考えられる。

１つは，自分の考えが正しいと信じられないとき，人は他者や集団の判断を頼りにしようとするからである。

もう１つは，周りと違う考えをしたとき，周りの人にどう思わるかを意識するからである。

集団の一員として受け入れられたいというのは，人間としての欲求の一つだからこれを克服するのは難しい。しかし，同調が減らせないわけではない。だから，グループ学習を機能させるためには「集団づくり」が必要だと言われている。お互いを認め合い，学び合い，高め合えるような集団だと，同調バイアスを防ぐことができる。

それでは，そういう集団づくりをしないとグループ学習はできないのかと言うと，そうではない。グループ学習をしながら，生徒一人ひとりの社会性を育てていくことも可能である。筆者も，グループ学習を行いながら，学級集団が育っていったことを何度も経験している。

その同調バイアスを防ぐ方法は，他にもある。

企業では会議において，いろいろな工夫がなされている。例えば，順番に意見を出すために同調が起こるのであれば，全員が同時に意見を言うようにすれば同調できなくなる。そこで，説明の後に賛成か反対の札を全員で一斉に上げてから，議論に入るようにしたそうである。その他にも，自分の考えを付箋紙に書いて一斉に出し，ワークショップで整理していくという方法もある。

つまり，同調バイアスなど様々な要因で起こるグループ学習においての壁も，このように工夫次第で克服していくことが可能なのである。

## 5 ペア・グループ学習のよさ

　さて，どのような工夫をすればペア・グループ学習が機能するかについて語る前に，まずはそれらのよさについて感じ取ってもらいたいと思う。

　筆者は，ペア・グループ学習は効果があるから授業に取り入れたのではない。様々な授業を実践する中で，効果があったものがペア・グループ学習だったのである。だからこそ，ペア・グループ学習を実践する中で，

　「効果があったのは何か？」

　「なぜ，効果があったのか？」

　「効果があった授業に共通するものは何か？」

ということを追究してきた。それは，目の前の生徒たちのためだけではなく，全国で数学を通して生徒たちを成長させようとする仲間たちに，何らかの情報を提供したいという思いからであった。そういう意味では，ボトムアップ的な研究だと言えるのかもしれない。

　筆者は，研究者ではなく，実践的研究者だと自分のことを思っている。

　だから最初に，筆者の授業を受けた生徒たちの感想を，読者の皆様と確認することから始めたいと思う。

---

数学は楽しくみんなで問題に立ち向かう時間

　これまでの数学の授業は自分一人で考えるイメージでした。ところが先生の授業は，グループで話し合うことによって，自分の考えを広げたり深めたりできるようになりました。また，楽しくみんなで一つの問題に立ち向かうことで，解けたときにはすごく充実感があったし，解けなかったり間違っていたりしたときは悔しくて，もっと知りたいという気持ちになりました。

　数学が一番苦手だったけど，今では一番得意な教科になりました。

---

第1章　ペア・グループ学習を機能させる対話型授業とは　17

私を希望へと導いてくれた授業
　私は，数学がとても苦手でした。数学の授業があると思うと，暗い気持ちになっていました。ところが，先生の数学の授業は，私を希望へと導いてくれました。それまでの授業のように，先生が一方的に教えるのではなく，グループのみんなで協力したり，ゲームのような形で数学を学びました。
　仲間と協力して問題が解けたときは，とても達成感がありました。今では，数学は得意な教科であり，好きな教科です。私を，新しい世界へ導いてくれたのは，先生の授業のおかげだと思います。


私を成長させてくれた授業
　先生は覚えていますか？　私は，最初の数学のテストで点数が36点しかありませんでした。不安な気持ちでいっぱいで，授業にのぞんだことを覚えています。ところが，先生の授業は想像以上に楽しく，私に数学のおもしろさを教えてくれました。自ら考えることや，友だちと協力して問題を解くことで，数学の楽しさや問題が解けたときの達成感を知ることができました。
　今では，どんなテストを受けても80点以上の点数をとることができるようになりました。私は，今数学が大好きです。テストで36点をとり，数学へのやる気を失っていた私を，数学好きにしてくれたのは，先生の授業でした。先生には，とても感謝しています。


　ペア・グループ学習の授業を受けてきた，３人の生徒の感想を紹介した。このような感想は，３人の生徒たちだけかと言うと，そうではない。数学が嫌いだと言っていた生徒が，数学を好きになった。数学の授業を苦手だと思っていた生徒も，得意な教科に変わった。

また，この生徒たちは全国学力調査などのテストにおいても，知識を問う問題より活用する問題の方が全国の平均点より差が大きいという結果が出ている。ペア・グループ学習を通して，自分たちのもっている知識を最大限に活用して問題解決しようという学びの姿勢が身についているからである。

　これらの感想を読んで，生徒たちの数学に対する意識を変えたペア・グループ学習に興味がわいてきた読者も出てきたのではないだろうか。

## 6 「競争」から「共創」へ

　筆者の研究スタイルは，ボトムアップ的だと前述した。授業中に感じた教師の手ごたえや生徒の感想，テストでの生徒の理解度や定着度の３点から，ペア・グループ学習を検証していく中で，その３点とも高い評価を得る授業があることがわかった。

　それは，単なる「問題の提示→個人思考→集団思考→学級全体でのシェアリング」といった，形にこだわったペア・グループ学習ではなかった。形にこだわったペア・グループ学習の思考過程を表すと，下の図のようになる。

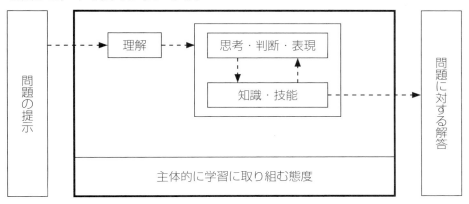

問題が提示されると，問題を理解し，もっている知識・技能を駆使しながら思考・判断し，表現するというものである。それに対して，筆者の授業は次の図のようなものだった。

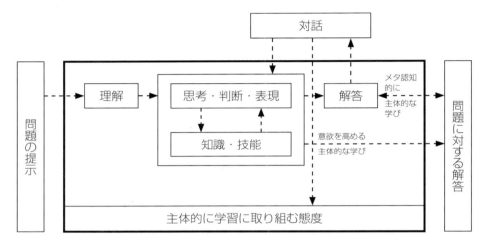

　問題が提示されると，問題を理解し，もっている知識・技能を駆使しながら思考・判断し，表現するという段階までは同じである。違う点は，問題に対する解答を，そのままペアの人に説明したりグループで説明したりするのではなく，例えば，伝える相手を意識して「どうすればその相手に伝わりやすいか」，伝える手段を意識して「どのように説明すればより理解してもらえるか」のように，自分の解答を見直す段階があるという点である。

　このように，一度出てきた解答を，対話によって再度検討し直すことによって，生徒に次のような変化が見られた。自分の考えと同じ生徒が集まり，ペアやグループの他の人に対する説明を考えることで，主体的に問題解決に取り組む意欲や態度が生まれた。また，みんなと考えた説明であることが自信となり，ポジティブな感情が知識とつながったり，対話前と対話後の解答を比較することで自己の成長を自分で認めたりすることができた。

　それは，各々の解答を「競争」するようなペア・グループ学習ではなく，対話を通して「共創」し合うような学習であった。

深い学びについて，田村（2018）は「知識・技能が関連付いて構造化されたり身体化されたりして高度化し，駆動する状態に向かうこと」とし，次の４つのタイプを挙げている。ここでは，深い学びをわかりやすく考えるために，知識・技能をどちらも知識と捉えて整理されている。

①宣言的な知識がつながるタイプ
②手続き的な知識がつながるタイプ
③知識が場面とつながるタイプ
④知識が目的や価値，手応えとつながるタイプ

前述の授業はまさしく④のタイプであり，学びに向かう力・人間性等の育成にもつながっていく。

それだけでなく，他の人に対する説明を考える過程で，お互いがもっている知識や情報をつなげ，知識の質を高めていくこともある。これが①のタイプである。また，対話の活用次第では，②にも③にもなるだろう。

## 7 新しい対話型授業

多田（2009）は，対話型授業には「対話を中心活動とする授業」と「対話のよさを加味する授業」があると述べている。前者は，文字通りペアによる対話，グループでの対話などの対話活動が中心の授業である。後者は，教師が意識を改革することにより，対話のよさを授業に「プラスワンする」，あるいは「スパイスのようにふりかけていくことができる」との考え方による対話型授業であると述べている。

筆者は，「対話を中心活動とする授業」については，前著で協同学習の技法を取り入れ，「アクティブ・ラーニング型授業」として提案してきた。今回は「対話のよさを加味する授業」として対話型授業を広く捉え，その可能性を追究することにした。

そこで，対話に対して教師が意識変革をし，プラスワンする対話のよさを「５つの意識」に求め，実践研究を進めてきた。

①相手を意識させる（相手意識）

　当たり前であるが，対話は相手がいて成立する。どうすれば，その相手に理解してもらえるかを考えることで，学びは深まる。この相手は生徒とは限らず，教師や教師以外の大人，先人の考えも含まれる。

②手段を意識させる（手段意識）

　どのような説明をすれば，相手によりわかってもらえるかを考えることで学びは深まる。

③目的を意識させる（目的意識）

　生徒が考えたいと思う目的をもたせることによって，学習に主体的に取り組もうとする。

④評価を意識させる（評価意識）

　対話した後，次の対話までに評価させ，改善する機会を与えることが，主体的な学びにつながる。

⑤解決の方法を意識させる（方法意識）

　課題の解決に見通しをもたせることで，粘り強く取り組むことができる。

　そして，「対話のよさを加味する授業」の可能性を求める中で，５つの意識を取り入れた新しい対話型授業を考案した。その新しい対話型授業については，詳しく第２章で紹介したいと思う。

〈引用・参考文献〉
・中央教育審議会（2016）「幼稚園，小学校，中学校，高等学校及び特別支援学校の学習指導要領等の改善及び必要な方策等について（答申）」
・人は誰でも同調圧力に屈する　アッシュの同調実験
　https://creativeideanote.com/psy17/
・田村学（2018）『深い学び』東洋館出版社
・多田孝志（2009）『共に創る対話力　グローバル時代の対話指導の考え方と技法』教育出版

# 第2章

対話型授業の
## 具体的技法

# スリーステップ法
## ―主として相手を意識させる対話型授業

### 1 スリーステップ法って？

　「スリーステップ法」は，筆者が考えた対話型授業の技法の一つである。だから，はじめて聞く読者が多いに違いない。その手順について最初に説明した方がよいかもしれないが，最初に，スリーステップ法を経験した生徒の感想を紹介し，その効果から話を進めていきたいと思う。

　　スリーステップ法は，グループ全員の子と均等に話ができて，さらにグループ全員が理解できます。自分から積極的に取り組むことができ，コミュニケーション力も身につき，協力して解決するので新しいことに気づくこともできた。まさに一石三鳥です。とてもよい方法だと思いました。

　この生徒は，スリーステップ法には，３つのよさがあると言っている。
・自分から積極的に取り組むことができるようになった。
・教え合うことによって，コミュニケーション力が高まった。
・協力して解くことが，新しい学びにつながった。
　つまり，これは主体的・対話的な学びによって，深い学びにつながっていったことを生徒自身が実感しているということである。
　こんなことを感じている生徒は，この生徒だけじゃないかと思うかもしれない。この生徒以外にもスリーステップ法を体験した生徒から，次のような意見が聞かれた。

24

○最初からグループにすると，聞いているだけの人がいました。スリーステップ法だと，最初にペアで話をするので，相手の考えをしっかり聞き，自分の考えを説明でき，グループになったときには，自分の考えをきちんともつことができました。グループで説明するときには，自信をもって発表することができました。

○１人でわからないときは２人で考え，それでもわからないときはグループで考えることができました。様々な意見を聞くことができるし，最初からグループ活動よりも教え合う回数が増えるので理解しやすく，とてもいいなと思いました。

○最初からグループで解くと，わからないときは，わかる子が解いてそれをただ見ているだけのときがありました。見ているだけだったので，理解できなかった部分もありました。スリーステップ法は，自分が解かなければいけないので他人に任せず自分から考える気持ちが強くなりました。それと，何度も説明するので説明する力もついていいなと思いました。私は，他人に説明するのが苦手だったのですが，スリーステップ法では説明しやすかったので楽しかったです。また，相手を納得させたときはうれしかったです。自信もつきました。

○最初からグループ活動だと，わかる子がどんどん解いて，わからない子は見るだけ，となってしまっていましたが，スリーステップ法をすると一人ひとりがよく考えるようになり，いろいろな視点から問題を解いていくことができました。

　最初からグループにして問題を解くと，わかっている生徒が問題解決をし，わかっていない生徒は見ているだけだったが，スリーステップ法だと主体的に取り組めたと語っている。また，教えることによって理解も深まり，相手を納得させることによって自信をもつことができたと述べている。それだけでなく，相手の考えを自分に取り入れていることもこの感想に見られ，ここからも主体的・対話的な学びが，深い学びにつながったことがわかる。

## 2 スリーステップ法の手順

　ますます，スリーステップ法に興味がわいてきたのではないだろうか。それでは，いよいよその手順について説明していこうと思う。
　問題を提示した後，個人で考える。その後，ペア学習に入る。そこから，スリーステップの1ステップが始まる。

### 【1ステップ】

　1ステップは，席の横の生徒とペア学習を行う。自分の考えを説明する場合もあるし，2人で考える場合もある。

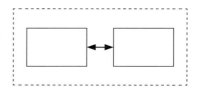

### 【2ステップ】

　2ステップは，席の縦の生徒とペア学習を行う。自分の考えを，縦のペアに再度説明する場合もある。横のペアに説明したときと同じ説明であっても，2回目なので自信をもって説明できる。自分でも説明がうまくなっていることに気づき，自分の成長を実感できる。

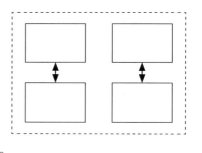

　1ステップで，横のペアの考えを聞き，自分の説明に生かす場合もある。これも自分の成長を自分で実感しやすく，自信にもつながる。

### 【3ステップ】

　3ステップは，グループにして問題の解決を行う。この段階では，ほぼ4人の考えを聞くことができているので，すぐに問題解決に入ることができる。

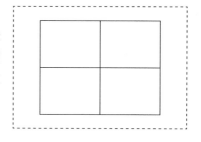

## 3 スリーステップ法のよさ

スリーステップ法のよさについて，生徒の感想から考えてみたい。

○1対1で隣同士，前後同士で話し合うので，例えば自分ではわからなかった問題も，隣の人に教えてもらって，次に前後の人と話し合うときには，隣の人の言っていたことを前後の人に伝えた。隣の人の考えを聞いているだけより理解が深まった。隣の人の考え方だったけど，前後の人に感心してもらえると，自分も認められている感じでうれしかった。

○グループ活動をいきなりするのではなく，1対1の話し合いから始まるので，わかるまで説明してもらえてすごくわかりやすいです。それと，自分が解けた問題でも，友だちの説明のよいところを取り入れて次の友だちに説明するので，自分の考えが深まった感じがします。

○自分が一度解いた問題でも人に教えようとすると，どうすればわかりやすく伝えられるかを考えるので，より理解することができました。わからないところがあると言われたら，自分の説明の穴もわかるので勉強になりました。そして，すぐに説明する機会があるので，失敗を取り戻せるところがさらによかったです。

○今までのグループ学習だと，数学が得意な人に任せっきりな感じでしたが，この方法では，グループ学習をする前に，グループの人の考え方を把握できているので，「グループ全員で」取り組めたという感じがしました。

○スリーステップ法だと，2つの段階で2人の考え方も詳しく聞け，各段階ごとに新たな発見があって楽しかったです。各段階で，考え方が広がったり深まったりするだけでなく，自分の説明する力も少しずつ伸びていると感じることができました。

上の生徒の感想から，スリーステップ法のよさが理解していただけただろうか。感想だけではよくわからないという人のために，もう少し詳しく説明していくことにする。

第2章　対話型授業の具体的技法　27

## Point1　くりかえし同じ問題に取り組める

　スリーステップ法は，同じ問題にくりかえし取り組めることが特徴の一つである。

　最初は，個人で取り組む。次に，横の人と取り組む。その後，縦の人と取り組む。グループでも取り組む。最後に，学級全体で取り組む。

　このように，くりかえし，くりかえし取り組む。こんなにくりかえし取り組めば，生徒は飽きるのではと思うかもしれない。しかし，そうではない。生徒自身も効果的であると述べている。

　ある授業で，次のような問題について考えた。

　「ポーカーゲームを行うことにした。ルールは変更なしの1発勝負である。ロイヤルストレートフラッシュが出る確率はどれくらいか」

　個人思考の段階は，生徒の関心は問題の解決に向く。$\dfrac{4}{{}_{52}C_5}=\dfrac{1}{649740}$のようにである。解答が出れば，普通は終わりである。しかし，スリーステップ法だとさらに続きがある。個人で思考した後，次々とステップを踏むことで，徐々に説明する相手に関心が移っていく。どうすれば，わかりやすく伝えることができるのかということに意識が向いていくのである。

　「徳島県の〇〇市と△△市のすべての人が1回トランプを引くとロイヤルストレートフラッシュが1人出るということです」

のように，答えを求めるだけでなく，その確率がどのような意味をもつかについても考えるようになってくる。

　グループの段階になると，「問題を解くことができた」から「解き方をわかりやすく説明するためにはどうすればよいか？」へ意識が変わり，さらに「論理的に説明するためにはどうすればよいか？」ということにまで意識が向いていった。全体発表では，「朝，昼，夜と食事の前にトランプを5枚引くと，100歳までに僕はロイヤルストレートフラッシュを引くことができるでしょうか」という他の生徒の興味を喚起するような問題提示の工夫にまで至るグループもあった。

伝える相手や状況を変えることによって，学びが深くなっていった。これが，スリーステップ法の特徴の一つである。

## Point2　すぐに失敗を取り戻せる

　生徒たちがスリーステップ法の特徴の一つとして挙げているのが，すぐに失敗を取り戻せるという点である。横の人に説明したとき，うまくいかなかった。しかし，うまくいかなかったことを自分の中で反省し，すぐに前後の人に説明するときに，失敗を取り戻すことができる。

　グループ学習では，１回しか自分の考えを述べることができず，自分で納得のいく説明ができなかった場合，「こうやって説明すれば，より理解してくれたんじゃないかな？」と後悔するときがある。その失敗は，失敗のまま終わってしまうことも多い。

　そんなとき，スリーステップ法だと，すぐに次の人にその説明を試すことができる。つまり，失敗を生かすことができるのである。まさしく，失敗は成功の母である。そして，「相手が納得してくれた」「前よりうまく説明できた」と実感することが，自分の成長を自分で認めることにつながる。そして，この経験を積み重ねることによって，説明することに対する自信も生まれてくるのである。

## Point3　人の褌で相撲をとれる

　他のペア・グループ学習と大きく違う特徴として挙げられるのが，この「人の褌で相撲をとれる」である。

　スリーステップ法では，問題に対してわからないことがあるときも横の人から教えてもらうことができる。そして，次に前後の人に説明するときには，横の人から教えてもらったことを説明することができる。ここで，諺「人の褌で相撲をとる」の意味と少し違ってくるのは，この結果，自分の成長につながっているということである。

　感想にあった生徒は，自分で説明ができたときに，友だちが説明してくれ

第２章　対話型授業の具体的技法　29

た内容を理解できていると実感している。そのことによって自分の成長を認めているのである。それだけでなく，授業中の様子を観察していると，自分がわからなかった分，なぜわからないかが理解できている。横の人の説明を聞いて，前後の人に説明するときに，わからない人の立場になって説明できているので，よりわかりやすい説明になっている場合もあった。

　ただ，このような学びにするためには，相手の考えを他の人に伝えることによっても学びがあるので，積極的に行ってよいということを，生徒たちに理解させておくことは重要である。

## Point4　わかるまで質問しやすい

　生徒の感想の中にもあったが，ペア学習から始めるので，わかるまで質問しやすいという点である。最初からグループ学習だと，わからなくてもわかったふりをして，グループ学習の流れに沿っていくことができる。しかし，スリーステップ法だと，次に他の人に説明しなければならない。そのためにも，わからないときはわかるまで聞いておく必要がある。だから，積極的に質問しようという態度が養われるのである。

　ただ，このペア学習をうまく生かすためには，教え合う土壌を醸成しておくことが重要であることは言うまでもない。

## Point5　三度同じ問題を異なる相手と考えられる

　生徒の感想の中に，
「１人でわからないときは２人で考え，それでもわからないときはグループで考えることができました」
とあった。
　スリーステップ法の特徴として，三度同じ問題を異なる相手と考えることができるということがある。

# エキスパート・ペア・シェア
## ―主として手段を意識させる対話型授業

### ⬚1 エキスパート・ペア・シェアって？

　まず「エキスパート・ペア・シェア」の技法を説明する前に，ペア学習について考えてみたい。ペア学習は，授業でもよく使われる手法である。よく使われているがゆえに，逆に何となく使っている授業をよく見かける。ペア学習のよさは何だろうか。

　第1章では，同調バイアスの実験の話をした。実は，その実験には続きがある。回答者を2人にすると，誤答率がグンと下がったというのである。グループ学習でも，3人以上から同調が強くなりがちであるが，まずペアで話し合うことは同調バイアスを防ぐ有効な方法の一つとなる。

　次に，ペア学習をすることによって，どのような学びが期待されるのかについて読者の皆さんと確認したい。グループ学習と比較すると，ペア学習は1対1なので，グループ学習に比べて「話す」「聞く」の立場がはっきりすることが特徴である。

---

【話す】
- ペアの相手に自分の考えを伝えようとすることで，自分の考えを整理することができる。
- ペアの相手に話すことで，身につけている知識や技能の不十分さにも気づくことができる。
- ペアの相手にわかりやすく伝えようと意識することで言語力が高まる。

---

第2章　対話型授業の具体的技法　31

【聞く】
　・相手の考えを聞くことで，自分の考えと比較することができる。
　・相手の考えを聞くことで，自分の考えと関連づけることができる。
　・相手の説明を聞くことで，伝え方へ意識が向き，言語力が高まる。

　では，ペア学習をすれば，必ず上に挙げたような効果が期待されるのかと言うと，残念ながらそうではない。

　「話す内容」「聞く内容」ももちろんだが，「話す意欲」「聞く意欲」なども問題になってくる。ペアの状態が重要になってくる。

　2人のどちらも，自分の考えをしっかりもっている場合は理想的である。その場合は，2人が同じ考えでも問題はない。その説明の仕方がまったく同じということはない。話し合うことでわかりやすい表現へと意識が向き，表現力の育成につながる。また，同じ考えを聞くことにより，自分の考えに自信をもつこともあれば，自分とは違った考え方を聞いて自分の考えと関連づけ合ったり比較し合ったりし，自分の考えを広げたり深めたりもできる。

　一方しか自分の考えを伝えられないペアの場合でも，相手の説明を聞いて自分の考えをもつことができれば，そこには学びが成立する。自分の考えを伝える生徒は，相手がわからないので，わかりやすく伝えようと努力する。そのことで，さらに自分の考えが整理される。

　問題は，2人ともが，自分の考えをもてていない場合である。2人で話し合いをして，解決に向かっていればよいのだが，なかなかそうはならない。

　それを克服するための技法として，「シンク・ペア・シェア」がある。シンク・ペア・シェアは，ペアで話し合う前に「シンク」つまり考える時間を十分に取ることが特徴である。考える時間を取ることによって，自分の考えをしっかりもつことができる。それだけでなく，考える時間を取ることで，教師が支援しやすくなることが目的である。

　シンク・ペア・シェアの技法では，考える時間を取ったり，教師が支援し

たりすることで，自分の考えをもたせることに目的がある。しかし，それだけでは，自分の考えをうまく表現することができなかったり，自分の考えに自信がもてないために表現するのをためらったりする生徒が出て，うまくペア学習が機能しない場面が出てきた。

　そこで筆者が考案したのが，「エキスパート・ペア・シェア」である。

## 2　エキスパート・ペア・シェアの手順

【問題提示】

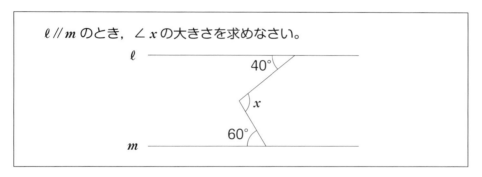

【エキスパート活動】

　同じ解法で解いた生徒同士でグループを作成する。解法によってグループの人数は違うこともある。自分の解法の確認もでき，説明の方法にも自信がもてる。
（例）平行線内の一つの直線を延長する解法，$\ell$と$m$に平行な線を引く解法

【ペア活動】

　次に，エキスパートグループから，ペアに移る。そして，お互いの解法を説明する。お互いの解法を比較したり，関連づけ合ったりする。

【学級全体でシェアリング】

　ペア活動で話し合ったことを学級全体に紹介し，ふりかえる。


## ③　エキスパート・ペア・シェアのよさ

### Point1　同調バイアスを減少させる

　先にも述べた通り，同調バイアスの実験では，嘘をつく人の中に1人だけ正しい答えを言う人を入れると，誤答率がグンと下がった。エキスパート・ペア・シェアも同様で，自分の考えの後ろには味方がいると思えることが，同調バイアスを大きく減少させるのである。

### Point2　自分の考えを強化でき，自信をもつことができる

　エキスパート・ペア・シェアは，ペア学習の前に同じ考えの生徒をグループにして，他者にわかりやすく伝える説明を考えさせる。つまり，その考え方のエキスパート（専門家）をつくるのである。その後，ペア学習に移る。エキスパート活動の後，一人ひとりが説明しなければいけないので，グループの一人ひとりが真剣に説明の方法を考えたり練習をしたりする。

　このように，エキスパート活動を通して，自分の考えを強化でき，自信をもつことができる。


〈引用・参考文献〉
・エリザベス＝バークレイ，パトリシア＝クロス，クレア＝メジャー（2009）『協同学習の技法　大学教育の手引き』ナカニシヤ出版

# ＡＤＭ法
## ―主として目的を意識させる対話型授業

## 1 ＡＤＭ法って？

　ペア・グループ学習で問題解決的な授業を行ったから，生徒に問題解決力が身についた。そんな短絡的に考える教師はあまりいないだろう。そこまでは思わなくても，問題解決の過程を経験したと実感はしてもらいたいと思っているはずである。しかし，それもそう甘くはないのかもしれない。

　平成28年度全国学力・学習状況調査　調査結果のポイント（2016）の中では，教師が「授業において，児童生徒自ら学級やグループで課題を設定し，その解決に向けて話し合い，まとめ，表現するなどの学習活動を取り入れた」と考えていても，そう思っていない児童生徒が一定割合存在することがわかったと述べられている。教師は，問題解決的な学習を行っていないわけではない。しかし，生徒たちは必ずしもそうは思っていないのである。では，どうしてこのような結果になっているか先生方は考えたことがあるだろうか。それは，問題解決において，教師の指示通り動いているだけで，生徒自らが目的をしっかりもっていないことにあるのではないかと考える。

　先日，とある数学科の研究会に参加した。公開授業では，教師から課題が提示され，その解決に向けてグループ活動が行われた。4人で机を合わせ，その真ん中に大きなホワイトボードが置かれた。司会役の生徒がグループの生徒に順番に考えを聞き，話し合う。そして，一番よい考えを記録役の生徒がまとめていく。次に，黒板に各グループのホワイトボードを貼り，発表係の生徒がホワイトボードに書かれた解法を読み上げていくのである。発表が終わると，質問する生徒もなく，全員の拍手でそのグループの発表が終わる。

第2章　対話型授業の具体的技法　35

これでは，生徒に問題解決力などなかなか身につかない。

授業後の協議会において，授業者に，

「グループ活動をされるときには，いつもそのようにグループでの役割を決めているのですか？」

と質問した。授業者は，

「役割を決めておくと，遊ぶ生徒がいないから，いつもこのように役割を決めてグループ活動を行っています」

と答えた。役割を決めることは否定しないし，その方が話し合いがスムーズにいく場合もある。しかし，生徒にとっては教師の敷いたレールの上で自分の役割を果たしたと感じるだけの授業になってはいないだろうか。これでは，目的をもって問題解決に取り組めないのは当たり前である。

今回の学習指導要領の改訂では，数学的に考える資質・能力を育成するうえで，数学的な見方・考え方を働かせた数学的活動を通して学習を展開することが重視された。それゆえ教師は，次の図のような問題発見・解決の過程を意識しつつ指導に当たっているはずである。

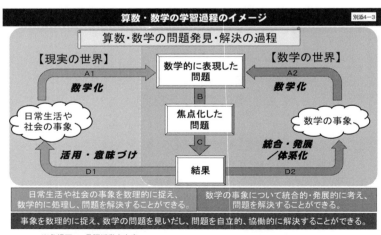

算数・数学の問題発見・解決のプロセス（中央教育審議会答申，2016）

数学の学習過程を，教師だけが意識して授業を展開するのではなく，問題解決をする主体者である生徒にも意識させるにはどうしたらよいか。そこで考えたのが，生徒に数学の学習過程をメタ認知的に捉えさせる方法である。

　数学の思考過程（Mathematics of thought process）を意識して，下のようなフレームワークを作成した。その問題解決が地図を使って目的地に到着する様子に似ていることから，地図（数学の思考過程）を使って目的地に到着する（Arrive to the destination using the map）という意味を込めて，「ADM法」と名づけた。

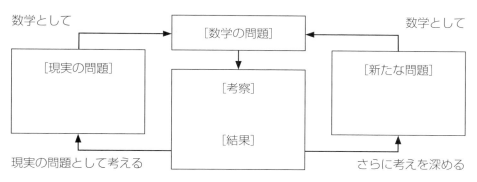

## 2 ADM法の手順

【現実の問題の提示】

> 　技術科では栽培が行われている。毎年，右のような木の枠組みをつくり，その中に土を入れて，生徒に栽培をさせている。
> 　そこで，問題である。いつも，正方形の枠組みをつくっているが，この形が一番よいのだろうかという疑問が発生した。

技術科の栽培の枠

【数学の問題の設定】

「野菜園の形を正方形の枠組みにしているが，これでよいのだろうか」では，数学の問題にはならない。現実の問題はそのままでは数学の問題とはなりにくいため，現実の問題から数学の問題に数学化させていく。通常は，この作業を教師が事前に行うことが多いのであるが，生徒とともに行うのがＡＤＭ法の特徴の１つである。

つまりＡＤＭ法では，数学的に表現された問題を教師が数学の問題として提示し，そこから授業を始めるのではなく，その前段階からスタートさせるのである。今回，生徒とともに作成した数学的に表現された問題が次である。

> 技術科では，野菜園で野菜の栽培をしています。この野菜園は下の図のような縦24cm，横440cm，幅10cmの１枚の板からつくっています。
> 面積が最大の長方形の野菜園をつくるためには，どのような長方形をつくればよいでしょうか。

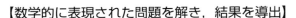

【数学的に表現された問題を解き，結果を導出】

次に，数学的に表現された問題をグループで考えさせた。右の写真は，あるグループが作成した，成果物の一部である。表やグラフを活用して数学的に処理していることがわかる。

そして，グラフから正方形が一番面積が大きくなると結論づけている。

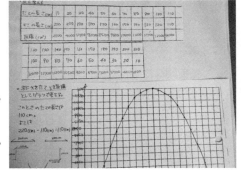

**【現実の問題として考察し，さらなる考えの深化】**

　多くの授業は，解答を導き出し，学級全体の前で発表し，教師の説明を聞いて授業が終わる。ここから，なかなか発展していかない。

　しかし，ＡＤＭ法では，生徒たちの思考はここで終わりにならない。大きく分けると，２つの方向に思考が深まっていったのである。１つは，現実の問題として考え直していった。本来の板の横の長さが437.2cmだったので，現実問題としてどうなるか考察を進めていったグループである。

　もう１つは，さらに考えを深めていったグループである。右の写真のように，問題の数値だけでなく，全体の長さを$a$cm，長方形の縦の長さを$x$cmとして解き始めた。そのグループは，$y = -(x - \frac{a}{4})^2 + \frac{a^2}{16}$と式を導き出し，どのよ

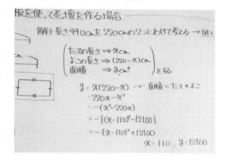

うな長さでも最大の面積は１辺の長さが$\frac{a}{4}$になると説明し，正方形にすることが一番よいと結論づけた。

　また，三角形や五角形や六角形といった別の形にはできないかと追究するグループもあった。

## ③　ＡＤＭ法のよさ

　多くの授業は，数学の問題が教師から提示され，それに対する解答が導き出されれば，そこで終わりである。今紹介した問題についても，グラフから１辺110cmの正方形が最大になると答えが出れば生徒はそれで満足してしまい，それ以上追究することはない。しかし，ＡＤＭ法で考えた生徒たちは，そこから現実の問題として捉え直したり，さらに考えを深めたりしている。この差は何だろうか。

## Point1 ズレを生み出す

　ポイントの１つ目は「ズレ」である。ここで，そもそも「問題とは」について立ち戻る必要がある。「問題とは」何か。それは，「ズレ」なのである。自分が考えている解答と「ズレ」がある。そうすると，人はその「ズレ」を埋めようとする。これが，問題解決である。

　教師から提示された問題を解いた。正解も確認した。そこには「ズレ」は生じていない。だから，そこからさらに考えていこうとは思わないのが普通である。しかし，それならなぜＡＤＭ法で解いた生徒たちは，さらに考えを深めていったのだろうか。それは，問題に対して解答が出たときも，生徒の中には「ズレ」が生じていたからである。

　もうお気づきかもしれないが，数学の問題を設定したときにすでに現実の問題との「ズレ」を生徒は認識していたのである。数学としての解答を出すことはできた。しかし，

　「現実の数値ではどうなるのだろう？」

　「長方形ではこのような結論になったが，現実の問題としては，長方形でなければいけないことはない。三角形にしてみれば，五角形だったら？」

と，様々な疑問が出てくる。

　つまり，ＡＤＭ法によって，生徒自身が問題を解く目的を理解しているからこそ「ズレ」を認識でき，さらなる探究心を生み，主体的な学びとなっていったのである。

## Point2 ガイド的役割を果たす

　ＡＤＭ法のポイントの１つは，現実の問題と数学の問題との「ズレ」であったが，その他にもポイントがある。それは，ＡＤＭ法がガイド的役割を果たしていることである。

　数学の思考過程は，言うなればＭＡＰ（地図）である。こんな道があることを生徒は認識しているのである。数学の思考過程をメタ認知的に捉えることによって，解答が出てもそこで終わりでないことが教師からのメッセージ

として伝わる。だから，教師からの直接的な言葉がなくても，目的を達成するために，生徒はさらに自分なりの追究を行っていくのである。

そして，教師に，

「答えが出ればそれで終わりではないよ。もっと考えてみましょう」

なんて言われなくても，自分たちで新たな課題を見つけることができたのである。そして，そこから新たな発見に結びつくことが，生徒たちの自信につながっていくのである。

また，ＡＤＭ法を活用して授業を行った前後に生徒の意識調査を行った。その質問項目でｔ検定を行った結果，有意な差が見られたのは数学の有用性に関するものだった。それは，現実の世界で起こっている問題について数学の知識で解決を行うことができたという経験が大きかったのだと考える。

このようにＡＤＭ法は，数学と現実の世界とを関連づけたり，自ら課題を見つけて自ら解決するという学びを実現したり，数学の有用性を実感させたりすることができるのである。

〈引用・参考文献〉
・国立教育政策研究所（2016）「平成28年度全国学力・学習状況調査　調査結果のポイント」
・中央教育審議会（2016）「幼稚園，小学校，中学校，高等学校及び特別支援学校の学習指導要領等の改善及び必要な方策等について（答申）」

# 知の総合化ノート
## ―主として評価を意識させる対話型授業

### 1　知の総合化ノートって？

　2018年6月19日サッカーW杯，日本は，コロンビアに2対1で勝利した。世間では，「大迫半端ないって！」という言葉が飛び交っている。この言葉は，元々は2009年の全国高校サッカー選手権準々決勝で，大迫選手の鹿児島城西高校と対戦したチームの主将が，敗戦後に語った言葉である。最初は，敗戦に対する悔しさが大きかったに違いない。しかし，他のチームメートに大迫選手のすごさを語るうちに，どんどん冷静になっているように見えてくる。そのうち笑いも見え始め，監督も大迫選手への賛辞で終わった。

　この主将は，他の部員に話をしているようで，実は自己との対話によって，自分の考えを整理しているように見える。このように，自己との対話を通して，考えが整理されたり新しいことに気づかされたりすることがある。自己との対話の大切さを，改めて筆者自身が気づかされた映像だった。

　このような，自己との対話を促進するツールとして開発したものが，「知の総合化ノート」である。それでは，具体的に技法を説明する。

### 2　知の総合化ノートの手順

#### 【学びのカードの作成】

　授業の最後に，次の図のような「学びのカード」に学んだことや気づいたこと，感想などを記入する。

　ここで筆者がポイントと考えるのは，学びのカードの大きさである。学びのカードの左側には，今日の授業で学んだ知識や技能を記入する。学びのカードが大きいと生徒は，ノートの内容をその中にそのまま写そうとするので，あえてそのまま写せない小さなサイズにする。生徒からは，
　「先生，紙が小さくて書ききれません」
という質問が出てくるが，そこで，
　「それだったら，書きたいことの中で重要だと思う部分はどこ？」
と聞き直す。それにより，生徒は今日の授業のポイントを自己に問い直す。
　実は，この作業が重要である。だから，教師は学びのカードを準備するときに，今日の授業のポイントを自分で書いてみて，そのポイントがちょうど整理できる大きさにしてほしい。そのことが，教師自身の授業力を高めることにもつながる。

**【知の総合化ノートの各ページの作成】**
　次のような「見出し」と「目標」を書いた紙を用意する。大きさは自由である。この用紙が知の総合化ノートである。

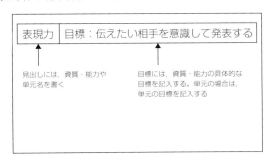

第2章　対話型授業の具体的技法　43

ここでは「見出し」と「目標」が重要である。「見出し」は大きく分けると3種類に分かれる。
　1つ目は，教科の単元名などが書かれた「見出し」である。このページの目標は教師が提示する。この単元名の書かれたページに目標が書かれていることによって，単元で身につけなければいけないことをノートを開くたびに確認することができる。2つ目は，資質・能力の書かれた「見出し」である。身につけさせたい資質・能力を「見出し」にするのである。3つ目は，学びに向かう力や人間性等に関する「見出し」である。
　2つ目と3つ目の「見出し」に関する「目標」については，生徒とともにつくるのがよいと考えている。学級全員で決定し，知の総合化ノートに目標を書いておくことで，生徒自身が常に意識して生活することになる。要は，自分たちで目標を決めて，自分たちで評価することが重要になってくる。その過程が，主体的な学びを促すことになる。

## 【知の総合化ノートに学びのカードを貼付】

　次のように，学びのカードを知の総合化ノートに貼っていく。学びのカードは，ただ貼るのではなく，以前に貼っていた学びのカードとつながりがないかを考えさせる。それだけではなく，つながりのあるものは線で結び，その理由についても書かせる。さらに，「疑問に思ったこと」や「もっと考えてみたいこと」についても考える。

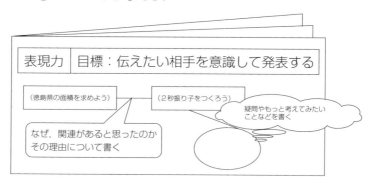

【知の総合化ノートを連結】
　学びのカードは大きく分けると、3種類の知の総合化ノートのページに貼られる。これら3種類のページを別々にしておくのではなく、次のようにページ同士をつなげることもできる。

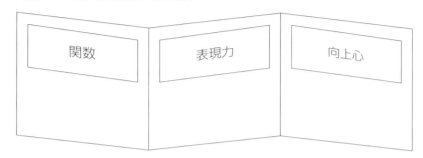

　知の総合化ノートをつなげることで、育成すべき資質・能力の三つの柱を俯瞰することができる。それが、次の図である。

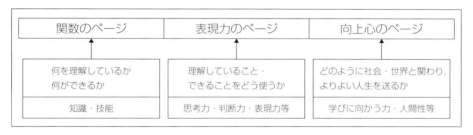

## 3 知の総合化ノートのよさ

### Point1　主体的な学びを促進する

　主体的な学びは、生徒自身が自らの学びをマネジメントすることで促進される。1時間の授業の最後に、知の総合化ノートで自分との対話を通して、身についた技能や理解できた知識をふりかえる。そのことにより逆に、身についていない技能や知識を自覚することができる。身についていない技能や知識を自らの課題として、自ら取り組むことができる。そして、その自らの

課題を克服したとき，その過程と成果を自ら認めることができる。これをくりかえすことで，生徒は自らの学びをマネジメントできるようになる。

　知の総合化ノートでは，次に挙げる3つのふりかえりが期待される。1つ目は，学習内容を確認するふりかえり，2つ目は，生活経験や過去の学習内容と関連づけるふりかえり，3つ目は，過去の自分をふりかえり，自らの成長を自覚するふりかえりである。つまり，今日の授業で何が身についたかを確認できるだけでなく，生活経験と関連づけることにより，学びを自ら意味づけることができる。また，過去の自分をふりかえり，自己の成長を自覚することもできるのである。

## Point2　関連づける力を育てる

　現在の15歳の子どもたちの学力課題は，何だと思うだろうか。

　「読解力？」

　読解力は，よく「PISAショック」という言葉とともに耳にした。それは，OECD生徒の学習到達度調査（PISA2003）で読解力の順位が大幅に低下したことがきっかけであった。しかし，（PISA2015）の結果によると，科学的リテラシー，読解力，数学的リテラシーの各分野において，日本は国際的に見ると引き続き平均得点が高い上位グループに位置している。読解力でないとすると何だろうか。

　「自由記述問題の無答率の高さ？」

もよく言われた。

　しかし，これも近年では改善が見られている。それでは，今の子どもたちの学力課題は何だろうか。

　それは，関連づける力である。そのことは，OECD教育・スキル局長であるシュライヒャー氏の言葉などからもわかる。

　話は突然変わるが，次はある授業での生徒の発言である。

　「数学で学んだことを使っていけばよいと思います」

この授業は何の教科だと思うか。当然，数学の授業と思うだろうが，実は道徳の授業であった。

　郷土の伝統文化を学ぶことにより，郷土をつくりあげてきた先人の努力を知り，今度は，その思いを伝えていきたいという願いから出た言葉だった。この授業を参観していた筆者も，その言葉には驚かされた。数学以外の授業で数学について語られるのを聞いたことがなかったからである。

　授業者も困惑したのか，その理由を尋ねた。するとその生徒は，次のように答えた。

　「数学で習った『証明』は，最初に何について考えるかを明らかにして，今の事実を確認し，そこに自分で調べたり，考えたりしたことをつけ加えて相手に説明するのです。数学の証明の考え方は，相手に自分の思いを伝えていくときに役立ちます」

　この生徒は，各教科等で学んだことを関連づけ，課題の解決に役立てているのである。この生徒が身につけているのは，まさしく関連づける力である。その力を育てたのが，知の総合化ノートであった。


　今紹介した生徒の所属する学年を対象に，意識調査を行った。そうすると，教科等の学びがその教科の学力にとどまらず，関連を考えることにより，総合的に学力を高め，自分の将来に生かそうとする姿勢を，多くの生徒が身につけていたことがわかった。

　「教科同士の学習につながりを感じることはありますか」などの質問に対し肯定的な意見をもっている生徒が多く，知の総合化ノートを活用することが，教科等を関連させるという意識を高めていることがわかった。

　これは知の総合化ノートの特性としては当然の結果かもしれないが，少なからず教科間の壁がある中学校において，その壁を貫いて，教科同士を有機的に関連づけて問題解決にあたっている。そして，学習の有効性を生徒自らが実感できていることは特筆すべきことだと感じた。

　それだけでなく，「学校で学んだことが，自分の意識や生活に影響を与え

第2章　対話型授業の具体的技法　47

ていることがありますか」「学校で学習していることが試験に関係なく将来
に役立つと感じることがありますか」という項目に対しても，肯定的という
結果が出てきた。この結果から学校で学ぶ知識がそのままで終わっていない
ことが伺える。知の総合化ノートによって，自分の学習の意味を自らつなぎ
合わせていく経験をくりかえすことが，学校で学ぶ知識と生活経験をつなぎ
合わせ，生きて働く力になっている。

　また，「物事に対しての意見や考えが以前よりも深まったり，いろいろな
見方ができるようになっていることを自覚することはありますか」「今学習
していることが，昨年度までに学習してきたことにつながっていると感じる
ことがありますか」という項目に対しても，肯定的であることが調査の結果
からわかった。知の総合化ノートは，1年間だけでなく，中学校生活3年間
同じものを使う。そのため，知の総合化ノートには，1年生から3年生まで
の数年間の自らの学びが詰まっている。したがって，肯定的な回答が得られ
たのは，知の総合化ノートを使って自らをふりかえらせることにより，過去
の自分と比較し，自らの成長を自ら認めているからだと考えられる。

　このように，知の総合化ノートは，教科等の学びを関連づけるだけでなく，
学校の学びと社会，今の自分と過去の自分を関連づけることをも可能にする
のである。

〈引用・参考文献〉
・村川雅弘，三橋和博（2015）『「知の総合化ノート」で具体化する21世紀型能力　問題解決
　力・論理的思考力・コミュニケーション力などのスキルが身につく』学事出版
・三橋和博（2016）「生徒自らが教科等の枠を越えて学びを関連付け，活用しながら解決する授
　業を創る」『新教育課程ライブラリ　Vol.11　「社会に開かれた教育課程」を考える』ぎょう
　せい
・田村学（2018）『深い学び』東洋館出版社，p.81

# ＢＳＩ法
## ―主として評価を意識させる対話型授業

### 1  ＢＳＩ法って？

　グループでまとめた成果物を説明する際に用いる技法である。そのときの生徒たちの様子が，市場での「売り手」と「買い手」の様子に似ていること，「買い手」の存在が「売り手」に影響を与え，「売り手」の話を聞くことで「買い手」の意識に影響を及ぼしているという，「売り手と買い手の相互作用（Buyer-Seller Interaction）」を起こしていることから，「ＢＳＩ法」と名づけた。

### 2  ＢＳＩ法の手順

①グループで，他のグループの人に説明できるように準備する。
②次の図の左のように，各グループを前半，後半の２つに分ける。このグループ分けは生徒に任せる。

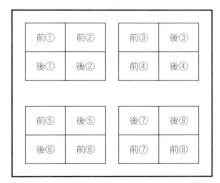 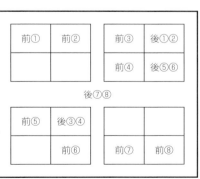

③最初に前半の人がグループに残り，他のグループの人に説明する。後半の人は，他のグループの発表を自由に聞いてもらう。ただし，他のグループに聞きにいく人は，どのグループの発表を聞きにいってもよい。したがって，前頁の右の図のように，聞きにいくグループが偏ったり，聞きにきてくれないグループができたりする場合もある。

④時間がきたら終了である。場合によっては，すべてのグループの説明が聞けていない場合もある。

⑤後半のグループの人は，説明を聞いて納得がいった場合は，成果物にシールを貼る。「買い手」が商品を買うイメージである。そのシールの数はこれでなければいけないというものはないが，筆者は1人1枚か2枚にしている。

⑥他のグループに聞きにいった後半の人の話も取り入れ，自分たちの説明の方法を検討する。

⑦今度は，右の図のように後半の人がグループに残り，前半の人に説明を行う。後の手順は同様である。

⑧最後に，また自分たちの説明内容を検討し，成果物をまとめ直す。

⑨学級全体でのシェアリングを行う。この方法については，すべてのグループが発表してもよいし，教師が選んだグループだけ発表させてもよい。ただ，全体でのシェアリングをしてほしい。

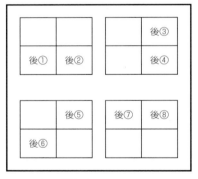

　全体でのシェアリングでは，筆者は，各グループの発表を比較したり，グループ化したり，構造化するようにしている。

## 3 ＢＳＩ法のよさ

> グループ学習をしても，友だちに任せて自分は一歩引く生徒たちが多かった。でも，今日の授業では，生徒の様子は大きく違った。自分たちの意見を聞いてもらいたい，自分たちの考えを伝えたいという気持ちが前面に出ていた。一人ひとりが主体的に学ぶ姿に熱いものを感じた。授業が終わった後も，生活記録や会話の中に授業の話が聞かれた。その内容から，自分から伝えようとする大切さや友だちの違った考え方を聞く大切さを学んだようだった。充実を感じる授業になった。こんな生徒の変容を見て，グループ学習の手法を変えるだけでこんなにも生徒が変わるんだと驚いた。

　この言葉は，はじめてＢＳＩ法を行った教師の感想である。生徒の成長への驚きとグループ学習の手法についてもっと学びたいという気持ちをもったようだ。

　生徒の意識調査の結果も紹介しておく。この授業の前後に同じ意識調査を行った。ｔ検定で比較してみると，有意な差が見られた質問項目がいくつかあった。それが次の質問項目である。

○難しい問題や課題にぶつかっても，あきらめず努力することができる。

○一斉学習より，グループ学習の方が勉強になると思う。

○発表で，他のグループのよいところを取り入れ，次の発表に生かすことができる。

○発表をするための資料をつくるとき，「伝える相手」を意識して作成している。

○発表をするとき，自分から積極的に取り組もうとしている。

　「課題に粘り強く取り組む姿」「自分たちの発表をふりかえって次の発表につなげる」「自己変容を自覚するふりかえり」は，主体的な学びが実現され

第2章　対話型授業の具体的技法　51

ている表れである。また，「グループ学習のよさの感得」「他者の説明を取り入れ自分たちの発表に生かす姿勢」などは，対話的な学びにつながっている。学習過程の中で，情報を精査して考えを形成したり，思いや考えを基に創造したりする姿は深い学びにつながっていると言えよう。これらから，主体的・対話的で深い学びを具現化するためにBSI法は有効であると言える。

BSI法には次のような特徴がある。

## Point1　全員が発表できる

前半，後半に分けて説明するので，全員が同じように説明できなくてはいけない。グループ内での話し合いに意欲をもつことができる。

## Point2　よい距離感がもてる

BSI法の特徴の1つに，発表者と聞き手の距離の近さがある。気軽に質問でき，その場ですぐに質疑応答できる。そのため，聞き手も理解しやすく，発表者も聞き手の意見などを基にさらに自分の考えを深めたり新たな視点を得たりすることもできる。最初はいかにも自信がなさそうなペアがいても，1回，2回と回数が進むにつれ，聞き手からのつっこみやアドバイスが入り，それも要領よく取り込みながら自分自身の理解も深まり，4回，5回目になると，声にも力が出てきて，説明にも自信がみなぎってくる。

慣れてくると，相手の表情を見ながら説明をするようになる。さっきの人はこれで納得したけど，次の人はなんか不満そうだった。それって，その人の知識の問題だろうか，説明が不足していたせいだろうかと考えるようになる。このように，伝える相手のことを考え始める。「発表をするための資料をつくるとき，『伝える相手』を意識して作成している」という質問項目の値が上がったのはこのような理由からだと考える。

このような様子が，この学習法を「売り手と買い手の相互作用」と表現した理由である。

## Point3　失敗を生かせる

　発表者の中には，うまく表現できずに悔しい思いをしている者も出てくる。しかし，失敗をしながらも，納得させるために必死に説明する姿も見られる。失敗そのものも貴重な体験になるのが，この技法の特徴の１つである。

　この授業の中で，生徒たちは何回も説明を行う。通常では説明は学級全体の前で１回の機会が与えられるだけであるが，この授業では１回あたり数分でくるくる回転するので，何回も説明する機会が与えられる。学級全体の前での１回の発表だと，「しまった」「失敗しちゃった」という思いのまま帰宅することになり，嫌なまま終わる場合もあるが，ＢＳＩ法では失敗を時間内に挽回できる。

　うまく伝えられないのはなぜか，どうすればうまく伝えることができるのかを考える機会を与え，挽回できる機会も与えているから，逆に失敗させることができるのも特徴である。そして，最初の自分と比較して，説明がうまくなったり，理解が深まったりした自分を自己評価し，自分で自分の成長を認めることができる。

## Point4　生徒同士で育て合うことができる

　また，前半と後半の間に見直しの時間を取る。前半に聞いた友だちの説明が，後半の自分たちの説明にも参考になる。生徒同士が育て合うこともこのＢＳＩ法のねらいの１つである。何度も自分たちの考えを見直す機会があり，他者評価，自己評価をくりかえしながら，自分たちの発表を納得したものに変えていくことができる。「発表で，他のグループのよいところを取り入れ，次の発表に生かすことができる」という質問項目の値がＢＳＩ法を経験した後に高まったのは，この見直しの時間があるからだと考える。

　ＢＳＩ法は，どのグループの説明を聞きにいってもよいことにしている。同じように説明の機会が与えられるわけではないのである。だから，説明を聞いてもらうための工夫も必要になってくる。この学習法を，「売り手と買い手の相互作用」と名づけた理由がここにもある。

# フィードバック学習法
## ―主として評価を意識させる対話型授業

### 1  フィードバック学習法って？

　学ぶと言うと，「入力」をイメージされる方が多いのではないかと思う。入力すると，頭の中に知識が蓄積される。ここで，一つの興味深い実験を紹介する。

　アーサー・ゲイツ（1917）は，「人の記憶に定着しやすい『入力』と『出力』の比率は何割か」を調査する実験を行った。小学校３年生から中学校２年生までの，100人以上の子どもを対象に暗唱の実験を行った。例えば，Ａグループは，覚えるのに１分48秒を使い残りの７分12秒で暗唱の練習をした。Ｂグループは，４分30秒を覚えるのに使い４分30秒を練習に使った。Ｃグループは，覚えるのに８分使い暗唱の練習は１分使った。そして，３時間後に暗唱の発表をさせ，その結果から独自の比率を割り出した。それは，全体の30%～40%の時間を「入力」に使い，残りの時間を「出力」に使うことが最も適切だということだった。

　筆者は，１時間の授業を「入力３，出力７」の割合で行うべきという提案をしたいわけではない。なぜ，この実験を紹介したかと言うと，「出力」の大切さを理解してほしかったからである。

　「出力」の大切さは理解した。しかし，「入力」を行い，「出力」をしていても結果が出ないと言われる方もいるのではないかと思う。その原因は，フィードバックしていないからである。つまり，「出力」しっぱなしではダメだということである。

「出力」した後，次の「入力」の前に，うまくいかなかったときは原因を考えて，次にうまく生かすためには何が必要か，何を変えなければいけないか，つけ加えなければいけない知識や技能は何かなどを考えさせなければならない。うまくいった場合は，うまくいった理由やさらにうまくいくための工夫はないか考えさせるのである。これをフィードバックと言うが，成長するためには欠かせない過程なのである。

### 2　フィードバック学習法の手順

　フィードバックとは，元々「帰還」と訳され，「出力」を「入力」側に戻す操作のことである。

フィードバック
・「出力」がうまくいかなかったのはなぜか？
・「出力」がうまくいったのはどうしてか？
・次の「出力」にどう生かすか？

　「出力」することによって，自分の理解度を把握して反省する。ここまでは，通常の授業と変わりがない。ところが，「フィードバック学習法」では，次の「出力」が待っている。次の「出力」のために，「入力」するのである。また，「出力」したら「入力」する。この「入力」と「出力」をくりかえす。ここで重要なことは，単にくりかえすだけでなく，きちんとフィードバックさせることである。うまくいかなかったら，なぜうまくいかなかったのか，たりない技能や知識は何なのかを自分で把握させて，次の「出力」に備えて準備をさせる。うまくいったら，なぜうまくいったのか考えさせることで，さらにうまくいくための準備をさせるのである。
　それでは，筆者が考案したフィードバック学習法について，具体的に説明していくことにする。

| | 入力 | 出力 |
|---|---|---|
| 学校授業 | | 今日の学びをメタ認知的に自覚させる。 |
| | グループで類似問題の解答をお互いに確認をし，知識や技能を補充させる。 | 発展問題を解かせ，知識や技能を活用させる。 |
| | | 類似問題を解かせ，知識や技能を使わせる。 |
| | 教師が，各グループの説明の内容に補充したり，深化させたり，統合させたりする。 | 学級全体の前で説明する。 |
| | 学級全体での発表に向けて，必要な知識や技能を補充したり，知識を深化させたり，友だちの説明と統合させたりする。 | グループで，1人ずつ順番に教科書の内容を他のグループの人に説明する。 |
| 家庭学習 | 教師から指定された教科書ページの内容を読み，理解する。 | 理解した内容を，授業中に説明できるように練習する。 |

　上に示したものが，フィードバック学習法の手順である。それでは，その特徴についてもう少し詳しく説明していくことにする。

## ③ フィードバック学習法のよさ

### Point1 「入力」のスタートになる

　「入力」のスタートは，教科書の内容を読むことから始まる。これは教科書でなければいけないということではないが，教科書は生徒の興味・関心を喚起し，わかりやすく，よく整理された教材だからである。とにかく，本時で行う内容を家庭で予習するようにするのである。ただ読ませるのではなく，授業ではグループの他の生徒に説明することを伝えておき，説明することを意識して読ませる。説明の練習をさせておくと，理解も深まる。

### Point2　学びを広げる

　教科書の内容を，ホワイトボードなどを使いながら，グループの他の生徒に説明する。ポイントの１つは，この後の「出力」を意識させることである。学級全体の前での発表が次に待っており，誰が発表するかわからない状態にしておく。そのことにより，生徒は主体的に学ぼうとする。同じ学習内容なのに他の人はどうしてこんな説明をしたのだろう，他の人と自分の説明とで何が違うのだろう，（聞いていてわかりやすかったら）どうしてわかりやすかったのだろうと考えながら聞くことによって，学びが広がっていく。

　全員が説明し終わった後，学級全体の前での発表に向けて準備をさせる。

　お互いの説明でよかったところを比較したり統合したりしながら，さらによりよい説明にさせていく。また，最初の自分の説明と比較することで学びの広がりを自覚させる。

### Point3　学びを強化する

　グループの代表が，学級全体の前で発表する。教科書の内容を読み，グループで発表し，数人の発表を聞き，また全体での発表を聞くことになる。同じ学習内容を何度も学んでいるのだから，学びが強化されているはずである。

　しかし，これだと場合によっては，同じレベルから内容が深まらなかった

り，間違った方向へ進んでしまったりする場合がある。そこで，フィードバックでは，自分たちより知識や技能を多くもっている人から「出力」に対して適切な助言をもらうという段階が重要になってくる。それが，ここでは教師である。教師が説明を行うことにより，間違った方向に進んでいたら修正もできるし，さらに深い学びにつなげることもできる。

　説明を通して，学習内容の技能や知識を獲得することができた。さらに，別の「出力」の方法を用いてさらに強化していく。今度は，獲得した技能や知識を使うことで強化する。類似問題を解かせるのである。そして，グループで教え合わせる。ここでも，フィードバックさせる。どんな理由で間違ったのか考えたり，全員が正解できている場合は過程において違いはないのか比較したりさせる。

## Point4　学びを深化させる

　学習内容を自分の言葉で説明できる，類似問題を解くことができるという段階をクリアできたら，次は学んだ技能や知識を活用するような問題に取り組ませたい。そのことによって，学びを深化させることができる。

## Point5　自己評価につながる

　自己評価の方法にはいくつかある。今日の学びを1枚の用紙に表現させるという「出力」の方法である。

　「入力」「出力」「フィードバック」をくりかえすことで，生徒は成長している。その成長をメタ認知的に自ら確認させる方法もある。この授業の始まったときの自分と授業後の自分をビフォー・アフターとして表現させる方法もある。このとき，何が変わったかも考えさせることで，自らの成長を客観的に捉えさせることもできる。

〈引用・参考文献〉
・最善のテスト対策は，自分で自分をテストすること
　https://diamond.jp/articles/-/83953

# ３ＱＳ
## ―主として方法を意識させる対話型授業

## 1  ３ＱＳって？

　「この問題について，グループで話し合って解決してください」
という言葉でグループ学習が始まる場合をよく見かける。

　いざ，グループで話し合いが始まった。しかし，グループにしてみたもののどうしてよいのかわからない。

　そんなときに，教師がどのような言葉がけをしているかと言うと，

　「しっかり話し合いなさい」

　「みんなで，よく考えてみなさい」

である。

　しかし，うまくいっていない場合は，

　「話し合いたくても何を話し合えばよいのかわからない」

　「何を考えればよいのかわからない」

のである。問題解決スキルの乏しい生徒は問題解決のいずれかの段階で困難に直面している。それは，解決の見通しが立っていないからである。

　ところで，皆さんは「対話的な学び」は，問題解決の場面にペア・グループ学習をすることだけだと思っていないだろうか。筆者は，問題解決の過程の見通しを立てる場面での対話も重視している。

　そのために筆者が考案したのが，「３ＱＳ」（The Three Question Strategy）という技法である。この３ＱＳは，３段階の質問について答えることによって，問題解決するための構想を自分たちで立て，学んだことからさらに発展させようというものである。

第２章　対話型授業の具体的技法　59

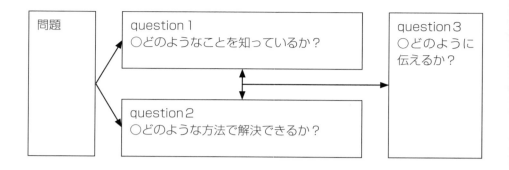

## 2  ３ＱＳの手順

　この３ＱＳの手法を，実際に行った授業を基に解説する。関数 $y = ax^2$ の導入で次の問題を扱った授業である。

---
　周期が１秒の振り子（10往復で10秒かかる）は，おもりが１つで，糸の長さが25cmです。それでは，周期が２秒（10往復で20秒かかる）になる振り子をつくってみよう。

---

　この授業は，生徒の予想を裏切ることから始まる。周期が１秒の振り子を実際に見せる。そして，問題を提示する。２秒振り子はどうすればつくれるか質問をする。そうすると，
　「糸の長さを50cmにする」
　「おもりを２つにする」
という意見が出てくる。それを実際に実験し，両方とも周期が２秒の振り子にならないことを確認する。この時点で，生徒は出鼻をくじかれる。
　そこで，３ＱＳを使ってグループで考えることを提案する。最初に，生徒の考えが間違っていることを確認しているので，できるだけ多くのアイデアを出すことが大切だと確認する。そして，出てきたアイデアを批判しないことも確認しておく。生徒は，個人で振り子について知っていることや関係が

ありそうなことを青い付箋紙に書き，調査方法を赤い付箋紙に書く。そして，個人で書き終わったら３ＱＳのフレームワークに貼っていく。

そうしてできたあるグループの３ＱＳが，下の図である。

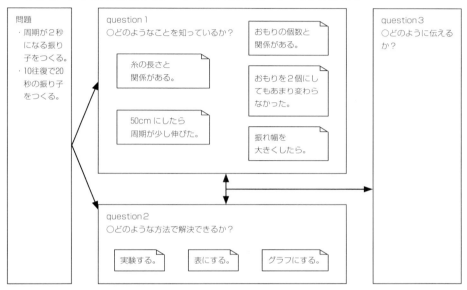

多くのグループが，教師の行った実験で，おもりを２個にしても周期が変わらなかったが，糸を50cmにしたら周期が伸びていたことに気づいていた。そこで，糸を一番長くして実験してみた。ここでまた，生徒は教師の罠にかかる。糸を一番長くして実験を行うが，10往復で往復20秒かからないのである。そこで，苦情の声が上がった。

「先生，糸を一番長くしてもダメです」

教師は，すかさず答える。

「ごめんなさい。先生もてっきりこの糸の長さで大丈夫だと思っていたから，これ以上長い糸を準備していません。今あるもので工夫してください」

生徒は，今の状況でどうにかしなければならない。また，３ＱＳを見てふりかえる。糸の長さでは限界だから，おもりの個数や振れ幅を大きくしてみるグループが現れる。しかし，うまくいかない。やはり糸の長さと周期が関

係することを確信する。だったら，表にまとめてみたら何かわかるんじゃない。

　生徒は，80cm，70cm，60cm…と実験を進めていく。そして，実験結果を表にまとめていく。表をつくる場合には，10往復した時間を計り，10でわった値を $x$ の値として，糸の長さを $y$ とすることを助言する。表にまとめて，$x$ の値と $y$ の値の差をとってみると，$x$ と $y$ の値が小数になって複雑なので $x$ と $y$ の関係が見えてこない。表ではわからないよ。じゃあ，グラフにしてみる。生徒は，表にまとめた結果をグラフに表していった。曲線になるよ。でも，この曲線を伸ばしていったら，求められるんじゃない。

　３ＱＳを使うと，行き詰まったときに，すぐ次の方法に移ることができる。このように，生徒の意欲的な追究を支援できるようになっている。

## ③　３ＱＳのよさ

**Point**　生徒の意欲的な追究を支援する

　３ＱＳは，問題解決の過程を学ばせるものである。この技法では，解答だけでなく，生徒自身が問題の解決に向けて話し合い，まとめ，表現した過程についても他の生徒に説明するのである。この技法を用いることによって，問題解決の過程をメタ認知的に捉えることができる。生徒たちは自らの問題解決の過程について，一歩離れたところから観察して検討することが求められるので，問題解決のポイントに気づくことができる。

　例えば，問題の把握場面において，生徒たちの予想とズレていることを生徒たち同士の対話の中から気づかせ，解決に向かう意欲を高めることができ，問題の解決の見通しを捉えさせることもできる。それは，意欲をもって勢いよく問題の解決場面に突入したものの，解決の見通しが立っていないために失速してしまい，意欲を失うことを防ぐこともできる。

　そして，この３ＱＳは問題解決の過程においてうまくいかなかったとき，メタ認知的に俯瞰でき，再度チャレンジできることが特徴である。

これまで，新しい対話型授業における学習方法として，「スリーステップ法」「エキスパート・ペア・シェア」「ＡＤＭ法」「知の総合化ノート」「ＢＳＩ法」「フィードバック学習法」「３ＱＳ」の７つの技法を紹介した。

　第３章では，その７つの新しい対話型授業の具体的な展開例を紹介する。

　それだけでなく，「テスト＝テイキング＝チーム」などの協同学習で有効であった学習方法やゲームを取り入れた授業についても紹介したいと思う。

# 第3章

ペア・グループ学習を位置づけた
## 対話型授業モデル

**1**年　正の数・負の数

# スタンダール君の疑問に答えてあげよう

| 用いる技法 | ロールプレイング |
|---|---|

## 1 問題

　スタンダール君の「どうして負の数と負の数をかけると正の数になるのか？」という疑問に対して説明してあげよう。

## 2 授業のねらい

○主体的な学び

　スタンダールという有名な作家に教えてあげるという問題であることが，生徒の興味・関心につながる。そして，わかりやすく説明するためには，実生活との関連を考えなければならない。そのため，プロセスイメージとゴールイメージをもちやすい。最後に，ふりかえりをすることで「負の数×負の数＝正の数」と機械的に覚えるのではなく，理解を伴った知識となる。また，これまでの知識を実生活と結びつけて考えていこうという意欲にもつながる。

○対話的な学び

　グループでの対話を通じて，自己の考えを広げたり深めたりすることができる。それだけでなく，わかっていない人に理解してもらうという相手意識をもたせることによって，さらに考えを深めることができる。

○深い学び

　実生活との関連を考えることを通して，実感的に理解させることにより，手続き的な知識からより高次な知識に再構築させる。

## ③ 授業展開例

### ①問題を把握する

T 今日も，グループ学習をしたいと思います。しかし，今日は一つだけ，みんなにお願いがあります。みんなのグループに一人加えてほしいのです。それは，スタンダール君です。

T スタンダール君を知っている人はいますか？

S 知らない。

S 誰？

T スタンダール君について紹介しますね。

T スタンダール君は，『赤と黒』などの名作を残すフランスの作家です。中学校では数学でトップの成績をとり，当時フランスの理工系最高学府であったエコール・ポリテクニク（高等理工科学校）の受験資格が与えられるほど数学が得意な人です。

┌─ **POINT** ─────────────────────────────
　プレゼンテーションソフトを使ってスタンダールの画像を見せ，先生とスタンダールのやり取りを会話形式で紹介した。生徒の問題に対する興味・関心を喚起するような問題提示の工夫を行う。
└───────────────────────────────────────

T そんな数学の得意なスタンダール君でも，負の数×負の数が正の数になることがわかりませんでした。それで，数学の先生に質問しました。その先生は，何と答えたと思いますか？

S 負の数×負の数が正の数になることを説明した。

T ところが，その先生は「習慣だよ」と答えました。「負の数×負の数が正の数になることは，数学者が認めていることだから，あなたも認めて解けばいいんだよ」って言ったらしいよ。みんなだったらどう思う？

S 納得いかない。

T スタンダール君もみんなと同じだったよ。こんなふうに思ったらしい。

T 「それでは，１万フランの負債に500万フランの負債を乗じて，どのように
　してこの男は500万フランの財産を得るに至るのだろうか」って。そ
　して，「誰も私に負に負を乗じて正になるかを説明してくれない」って
　思ったらしい。

T そこで，今日はみんなのグループにスタンダール君を加えて，「なぜ負
　に負を乗じたら正になるか」を教えてあげてほしいと思います。
　今日の問題と授業の流れをプレゼンテーションソフトで示す。

> スタンダール君に「負の数×負の数＝正の数」
> になることを説明してあげよう。

> グループで考えよう。

> 先生を相手に，ロールプレイングをしよう。

T それでは，今からグループで説明を考えてほしいと思います。その後，
　各グループで前に出てきてください。先生がスタンダール君の役をしま
　すから，先生に説明してください。先生も疑問があったら質問します。

## ②グループで話し合う

S スタンダール君の言っていた負債と財産で説明はできない？

S まず，500万フランの負債でしょ。これは－500万だよね。これに負の数
　をかけるんでしょ。どう考えたらいい？

S だったら，（＋500万）×（＋２）を500万を２人からもらうと考えてみ
　たら，1000万の得だよね。＋２を２人からもらうと考えたから，－２は
　２人に返すでしょ。だから，（＋500万）×（－２）は500万を２人に返
　すと考えると，1000万のマイナスになるでしょ。（－500万）×（－２）
　を500万の借金を２人から返してもらうって考えたら，1000万プラスっ
　てことにならない？

S それがわかりやすいかも。それで，まとめてみよう。

## （別のグループの話し合いの様子）

S　やっぱり，身近な例を挙げて説明した方がわかりやすくない？

S　それじゃあ，（＋２）×（＋３）を東に１時間に２km 進む人が３時間
　　進んだら，東へ６km 進むと考えるでしょ。（－２）×（－３）だった
　　ら，西に１時間に２km 進んでいる人の３時間前ってことにならない？
　　そうしたら，東に６km の地点になるよ。

S　時間で考えるんだったら，水の出し入れの方がわかりやすくない？　今，
　　10L 入っているとするでしょ。（＋２）×（＋３）は１分間に２L 水を
　　入れるとすると，３分で６L 増えているってことにならない？　だから，
　　（－２）×（－３）は，１分間に２L 水をぬいていると考えて，その３
　　分前ってことでしょ。そうしたら６L ぬけていて今10L ってことだから，
　　３分前は16L になる。今の10L と比べると＋６L ってことだよね。この
　　説明は？

S　こっちがわかりやすいかも。これで，説明を考えてみようよ。

---
**┌ POINT ─────────────**

　　この後，ロールプレイングが控えていることによって，教師のつっこ
みも意識し，とりあえず説明ができればよいという意識から脱却させる。
そして，さらなる追究へと向かわせる。

**────────────────**

---

### ③ロールプレイングを行う

　　教師が，スタンダール役になって，ロールプレイングを行う。

### ④レポートを作成する

　　もう一度，個人で問題に対する解答を書く。そのとき，他のグループの説
明と自分たちの考えをつなげたり，比較したりさせる。


〈引用・参考文献〉
・上垣渉（2006）『数学大好きにする "オモシロ数学史" の授業30　話材＋授業展開例＋ワーク
　で創る』明治図書

**1** 年 文字の式

# 結婚できる年齢がわかるって本当？

| 用いる技法 | スリーステップ法　p.24 |
| --- | --- |

## 1 問題

「結婚できる年齢がわかる計算式」を紹介したいと思います。
①2〜9までの数字を一つ選ぶ。　　②その数字に9をかける。
③1の位と10の位の数をたす。　　④それに3をかける。
⑤それに今までに交際した人数をたす。　⑥その数字に3をたす。
　あなたは，この計算式に答えますか？

## 2 授業のねらい

○主体的な学び

　最初に，生徒自身が数学を使った簡単なトリックに引っかかってしまう。そのため，トリックを解明したいという気持ちが強くなる。最後に，実際にあった場面を紹介することにより，数学を学ぶことのよさも感得させたい。

○対話的な学び

　2桁の数を表す式に変形する段階は困難が予想され，見通しをもって粘り強く取り組ませるために，本技法を用いることにした。同じ問題を違う人とくりかえし考えることで，多角的に追究させたい。

○深い学び

　すでにもっている，文字を用いて表現したり計算したりする技能と，現実の場面をつなげることにより，現実的な場面で使える汎用的な状態の知識に高めることができる。

70

## ③ 授業展開例

### ①追究への意欲を高める

T　今日は，「結婚できる年齢がわかる不思議な計算式」を紹介します。誰か，自分が結婚できる年齢を知りたい人はいますか？

S　（数人の生徒が手を挙げる）

T　（一人の生徒を指名する）それでは，２〜９までで，好きな数を選んでください。その数に９をかけてください。次に，１の位と10の位の数をたします。それに３をかけます。そして，今先生にバレたらきっと怒られるだろうなって秘密にしていることの数をたしてください。その数字に３をたしてください。いくつになりましたか？

┌─ POINT ─────────────────────────
　占いのような雰囲気を出すことで，生徒の興味をひくことにした。
　本当は，「今までに交際した人数」をたすというネタだが，中学生なので「先生にバレたらヤバい数」に変更した。答える生徒たちに配慮して，質問の内容は変えるようにする。
└────────────────────────────────

S　31です。

　生徒から，「えっ31歳で結婚するんや」などの声が聞こえる。

T　そうですか。あなたは先生に"バレたらヤバい"ことが１つあるんですね。

　その生徒はしどろもどろになった。

### ②問題を把握する

　２〜９まででどの数を選んでも，先生に"バレたらヤバい"と思っている数がわかることを説明する。そして，どうして先生はそれがわかるのか生徒に問いかける。

T　それでは，今日もスリーステップ法で考えてみましょう。

### ③横の生徒とペアで話し合う（ＳＴＥＰ１）

第３章　ペア・グループ学習を位置づけた対話型授業モデル　71

**④縦の生徒とペアで話し合う（STEP2）**

S3　ごめん。考えたけどわからなかった。

S1　私が教えてあげる。まず，２～９のうち選んだ数がわからないから，$x$と置くでしょ。９をかけるから$9x$になるよね。そして，１の位と10の位の数をたすから２桁の数に表せばいいんだよ。えっとね，２桁の数だから$10a + b$の形に表せばいいわけだから，あれどうしたっけ。

S3　解けたんじゃないの？

S1　実は，Ｓ２君に教えてもらった。そのときはわかったんだけど。

┌─ **POINT** ─────────────────────────
　スリーステップ法だと，ＳＴＥＰ１で教わったことを自分で考えたことのように説明することができる。これもよいことを生徒に周知しておく。
└──────────────────────────────────

S3　要するに，$9x$を$10a + b$の形にすればいいんだね。だったら，$9x$を$(10-1)x$の形にしてみたら？

S1　でも，それじゃあ，$10x - x$になって$9x$に戻っちゃうよ。そうだ，Ｓ２君が$10(x-1)$にするって言っていたような気がする。

S3　でも，$10(x-1)$だったら，$10x - 10$になるよ。$9x$にならないよ。

S1　そうだった。$10(x-1) + (10-x)$ってＳ２君は言っていた。

S3　$-x + 10$も$10 - x$も同じだね。だから，１の位の数は$-x + 10$で10の位の数は$x - 1$になるね。だから，１の位と10の位の数をたすと，$(-x + 10) + (x - 1)$だから簡単にすると９になるよ。

S1　そうそう，９になるんだった。９に３をかけるから27でしょ。先生に"バレたらヤバい"数を$y$とすると，$27 + y$になる。これに３をたすと，$30 + y$になるんだよ。だから，２～９のどんな数を選んでも計算したら$30 + y$になる。

S3　だから，30をひけば先生に"バレたらヤバい"数がわかるのか。よくわかったよ。

S1 　わかった？

S3 　全然，説明できなかったじゃない。

S1 　でも，次は説明できる自信がある。

⑤グループで話し合う（STEP3）

T 　それでは，STEP2の時間は終わりです。次はSTEP3です。

┌ POINT ─────────────────────────────
　この段階で，グループの4人とも理解できている。STEP3のグループ活動では，どうすれば他のグループにわかりやすく説明できるかに意識が変わっている。
└────────────────────────────────────

⑥学級全体に発表する

　グループごとに発表をする。上で紹介したグループは，$9x$ を2桁の数に変形できなくて困りながら，辿り着いた過程を笑いをとりながら説明した。

⑦ふりかえりを行う

T 　実はこの「結婚できる年齢がわかる計算式」は，実際にテレビでやっていたものです。計算をさせられた人は，知られたくないのに，この計算式に答えることで今までに交際した人数を知られてしまいました。今日，この勉強をした皆さんはどうでしょうか。答えますか？

S 　答えません。

T 　それは，今日学んだ数学の知識があるからですね。数学を学ぶことで，数学を悪用する人から自分を守ることもできるのです。これからも数学をしっかり学んでいきましょう。

┌ POINT ─────────────────────────────
　文字を用いての計算は，生徒にとっては数学の有用性を感じにくい。活用する具体例を出すことによって，数学を学ぶ必要性を実感させたい。
└────────────────────────────────────

〈参考資料〉

・「有吉ジャポン」（TBS系，2015年10月30日放送）

第3章　ペア・グループ学習を位置づけた対話型授業モデル　73

**1**年　一次方程式

# どちらの解き方で解くの？

| 用いる技法 | エキスパート・ペア・シェア　p.31 |

## 1　問題

　　学級の生徒で，あめを同じ数ずつ分けます。1人2個ずつ配ると，12個あまります。そこで，1人3個ずつ配ろうと考えました。そうすると，14個たりません。
　　あめはいくつありましたか。

## 2　授業のねらい

○主体的な学び

　同じ問題で違う解き方ができることに興味・関心をもつ。2通りの解き方を比較することにより，どのようなときに，どの方法を使うかを自分の中で整理することが，次からの課題解決につながる。

○対話的な学び

　エキスパート活動により，手段意識をもち，自分の知識を再構築させる。

○深い学び

　解ければよいというのではなく，問題解決の過程をふりかえって検討することによって，多面的に捉えて考えることが深い学びにつながる。

## 3 授業展開例

### ①家庭学習として問題を提示する

　前時の授業の終わりに，次時に取り組む問題を提示する。それと同時に，太郎君の解き方と花子さんの解き方も提示する。

---

太郎君の解き方
$$2x + 12 = 3x - 14$$
$$2x - 3x = -14 - 12$$
$$-x = -26$$
$$x = 26$$
この解は問題に合っている。
$$2 \times 26 + 12 = 64$$

あめの数 64個

---

花子さんの解き方
$$\frac{x - 12}{2} = \frac{x + 14}{3}$$
両辺に6をかける。
$$3 \ (x - 12) = 2 \ (x + 14)$$
$$3x - 36 = 2x + 28$$
$$3x - 2x = 28 + 36$$
$$x = 64$$
この解は問題に合っている。

あめの数 64個

---

　ペアで，どちらの解き方を家庭学習として勉強してくるかを選ばせる。ただ解き方がわかったというのではなく，ペアに説明できるようになることを指示する。わからない場合は，どこがわからないかを言えるようにさせる。

### ②エキスパート活動を行う

　太郎君の解き方を家庭学習で勉強してきた生徒を集めて，４人程度のグループを数組つくる。花子さんの解き方を勉強してきた生徒も，同様にする。そして，グループの中で説明を順番にさせる。

**T**　今から，グループで昨日の宿題に出してあった問題の解き方を説明し合ってほしいと思います。その後，ペアの人に説明してもらいます。ペアの人が，どのように説明したらわかりやすいかも考えてください。

---

**┌─ POINT ────────────────**

　グループは，あらかじめ教師が決めておく。各グループにスモールティーチャー的な生徒をおいたり，生徒に任せられるグループと教師が支援するグループをあえてつくったりして構成メンバーを工夫する。

**└────────────────────────**

第3章　ペア・グループ学習を位置づけた対話型授業モデル　75

全員の説明が終わったら，どのように説明したらわかりやすいか話し合う。そのようにして，この解き方のエキスパートをつくっていく。

**（エキスパート活動の様子…花子さんの解き方）**

S1　最初からわからなかった。12個あまっているのに，どうして $x-12$ になっているかわからないよ。

S2　$x-12$ は，生徒に配られたあめの数だよ。12個あまったんだから，配れた数は12個ひかなくちゃいけないでしょ。2個ずつ配ったんだから，$\dfrac{x-12}{2}$ は生徒の人数を表しているよ。

S1　そっかぁ。だから，ひき算するんだ。

T　何を $x$ に置いているか，$\dfrac{x-12}{2}$，$\dfrac{x+14}{3}$ が何を意味しているか，ちゃんと説明できないといけないね。

┌─ **POINT** ─────────────────────
　生徒に家庭学習用に配ったプリントには，あえて何を $x$ に置いているかを書いていない。机間巡視では，何を $x$ に置くかによって，方程式が変わってくることに気づかせたい。
└────────────────────────────────

## ③ペア学習を行う

　ペア学習では，太郎君や花子さんの解き方をお互いに説明し合う。ここで，さらに解き方を理解できているか知識や技能を確認する。

## ④類似問題で知識や技能の定着を図る

┌────────────────────────────────
【類似問題】折り鶴を折るのに，用意していた折り紙を生徒たちに1人3枚ずつ配ると，16枚あまった。1人4枚ずつ配ると，12枚たりない。折り紙の枚数を求めなさい。
└────────────────────────────────

T　ペアで相談して，問題を解いてください。後で，発表してもらいたいと

76

思います。みんなは，2通りの解き方を理解したと思います。どうして，その解き方を選んだかについても説明してください。

## ⑤類似問題以外で知識や技能の定着を図る

この問題に対して，類似問題を解く以外の方法でも知識や技能の定着を図ることもできる。3つのペアを1つのグループ（6人）にする。そして，3つの役割を与えて話し合い活動を行うという方法である。右の写真のように，生徒の机の前に「賛成」「批判」「例示」「要約」の表示が書かれた札を置く。生徒自身にその役割を強く意識させることがねらいである。これはアナリティック＝チームという手法で，「賛成者」「批判者」「例示者」「要約者」の役割で話し合いを行う。

太郎君の解き方の賛成者からは，

「あめの数を$x$個と置くと，わり算になり考えにくい。人数を求めてからあめの数を求める方が計算しやすい」

批判者からは，

「あめの数を$x$個と置くと，方程式の解が問題の答えになっている」

例示者からは，

「類似問題を探してきて，その多くの問題が人数を求めてからあめの数を求めている」

という報告があった。

後の3人が「要約者」となり，それぞれの考えを要約した後，自分の考えを述べる。

その後，グループでさらに整理し，学級全体で発表した。役割を変えて経験することで，提案する力，批判的な思考力，関連づける力，要約する力などの問題解決に必要な資質・能力を身につけさせることもできる。

**1**年　比例，反比例

# この紙の束は何枚？

| 用いる技法 | 3QS　p.59 |

## 1　問題

　　みんなのパーティは，関数の森に迷い込みました。そうしたら目の前に，数学大魔王が現れました。数学大魔王は，みんなの前に紙の束を置き，「この紙の束が約何枚あるか言えたらここを通してやる。ただし，紙の束にふれることができる時間は3分以内とする」と言いました。
　　みんなのパーティが持っているアイテムは定規と台ばかりです。
　　見事，関数の森を突破することができるでしょうか。

## 2　授業のねらい

○主体的な学び

　ロールプレイングゲーム的な要素をもちこむことにより，解決しようという意欲をもたせる。また，3QSのフレームワークを活用することで，「枚数が変われば，（　　）が変わる」というように変化や対応の様子に着目し，生徒が見通しをもって活動に取り組めるようになる。

○対話的な学び

　ＴＶゲームの世界ではパーティはそれぞれが自立したキャラクターであるが，その特徴を生かしながら協働的な学びを促し，問題を解決していく。

○深い学び

　比例を用いて具体的な事象を捉えて考察することで，日常生活と数学とのかかわりを感得することが深い学びにつながる。

78

## 3 授業展開例

### ①生徒の興味を喚起する

T　今日は，前にやったロールプレイングゲームの続きです。前は，「過去の川」を渡りきってもらいましたね。

T　数学大魔王が現れて，「比例って何かについて説明できたら，川に橋をかけてやる」と言いましたね。覚えていますか？　皆さんは，小学校の算数で学んでいた知識を使って，小学校の島と中学校の島に橋をかけることができましたね。

　プレゼンテーションソフトを使って，橋を渡った後，森に迷い込むような画像を映し出す。

### ②問題を把握する

T　地図を見てください。今日は，関数の森に迷い込んでしまいました。また，数学大魔王が現れました。

　数学大魔王の画像を見せる。

T　３分以内に，この紙の束が約何枚あるか言えたらここを通してやる。

　数学大魔王になりきりながら，教卓の上に大量の紙の束をドンと置く。

T　皆さんのパーティは見事関数の森を通過することができるでしょうか？　それでは，３ＱＳを使って考えてください。

### ③グループで話し合う

S１　先生，枚数って完璧に合わなければいけないんですか？

T　　前後10枚までは正解にします。

S２　４人で分けて，枚数を数えて後でたしたらいいんじゃない？

S３　とりあえず，３ＱＳを使ってみようよ。

　生徒の各自が付箋紙に書き出し，３ＱＳにまとめる。

S４　枚数が変わったら，重さが変わるんだから，１枚の重さがわかったら枚数もわかるんじゃない？

S６　ところで，１枚の重さって量れるの？

第3章　ペア・グループ学習を位置づけた対話型授業モデル　79

S5　先生，その台ばかりは，1枚の重さを量れますか？
T　　1枚の重さは軽すぎてこの台ばかりじゃ量れないかもしれません。
S4　それだったら，10枚とか20枚の枚数を量って，その結果から比例を使って求めたらいいんじゃない？
S7　比例定数を求めたらいいんじゃない？
S6　ちょっと待って。この紙の束って台ばかりにのる？
S5　先生，その台ばかりでこの紙の束全部の重さは量れますか？
T　　全部はのらないかもしれません。のっても，重さは量れないかも？
S4　何枚かに分けて重さを量って，合計したらいいんじゃない？
S7　3分以内でできる？　もっと早く調べる方法はない？
S4　それだったら，厚さで考えてみたら？
S5　厚さと枚数も比例しているから，10cm になる枚数を調べて，紙の束の厚さを調べたら，紙の束の枚数がわかるんじゃない？
S6　役割分担しよう。S5さんと2人で10cmの枚数を数えるよ。S4さんとS7さんで，10cmを除いた紙の束の厚さを調べたらいいんじゃない？

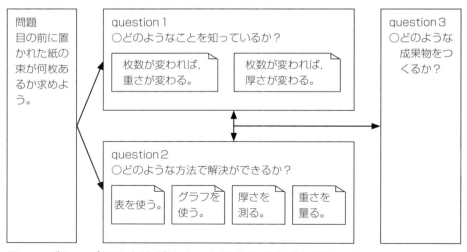

T　　グループでの方法が決まったらQ3の部分も書いてみてね。

┌─ POINT ─────────────────────────────────────────
　生徒は，枚数を求めることだけに意識がいく。そこで終わらずに，3
QSのQ3を考えることによって，他のグループの人にわかりやすく説
明するためには，どのような表現方法を使えばよいか考えさせる。
─────────────────────────────────────────────────

S7　$x$cmで$y$枚としてね。10cmのときの枚数を求めて，$y = ax$に代入
　　して$a$を求めたらいいんじゃない？　紙の束の厚さを測って，$x$に代
　　入したら枚数が求まるよ。それをQ3に書こう。
T　　ちょっと待ってね。厚さと枚数が比例の関係にあるって決めて解いて
　　いるけど，「どうして，厚さと枚数が比例って言えるの？」って質問
　　されたらどう答えるの？

┌─ POINT ─────────────────────────────────────────
　比例として捉えられた2つの数量が，比例であることを説明すること
を通して，比例の意味をふりかえる。
─────────────────────────────────────────────────

### ④実際に計測して紙の束の枚数を当てる

　実際に，グループごとに3分以内で紙の束
の枚数を求めさせた。そうすると，「重さを
量る」「厚さを測る」「重さと厚さの両方をは
かる」グループがあった。厚さを測るにして
も，定規を使って測るグループもあれば，教
科書を使って何冊分になっているかで考えるグループもあった。

### ⑤その解決策を評価する

　実際に行った後，解決策を評価し，どうしてその解決法を選んだか，そし
て，どのような方法がよいか学級全体にグループごとに発表する。発表の後，
教師が実際に紙の束は何枚あったかを発表する。正解できたグループからは
拍手が起こった。その後，学級全体で，比例の考え方を使える場面が生活の
中にあることを確認した。

**1**年 比例，反比例

# ＦＣＢ（ファンクション・カード・バトル）をしよう

| 用いる技法 | ゲーム |
|---|---|

## 1 問題

　　ＦＣＢ（ファンクション・カード・バトル）を通して，次のような問題を解こう。

　$y = 2x$ で，$x$ の変域が $-6 \leqq x \leqq -2$ のときの $y$ の変域を求めよう。

　$y = -\dfrac{6}{x}$ で，$x$ の変域が $2 \leqq x \leqq 6$ のときの $y$ の変域を求めよう。

## 2 授業のねらい

○主体的な学び

　ゲームということで楽しく学ぶことができる。また，グループごとの対抗戦であることから意欲が高まる。

○対話的な学び

　理解できている生徒も，教えようという気持ちが強くなり，そこから教え合いが活性化する。

○深い学び

　カードづくりを通して，式とグラフの関連に着目しながら，比例，反比例の特徴について理解を深める。カードゲームを通して，比例，反比例の変域の違いについても実感させることができる。

82

## 3 授業展開例

右の写真は，生徒が作成したＦＣ（ファンクション・カード）である。カードの左上には，ゲーム性を強めるために，自分で考えたキャラクターを描かせた。

右上には，$y=2x$ や $y=-\dfrac{6}{x}$ など関数の式を書く。その下には，「$y$ は $x$ に比例する」「原点を通る」などの関数の特徴を書く。下には，グラフ用紙にグラフをかく。このことにより関数の特徴についてふりかえり，理解を深める。

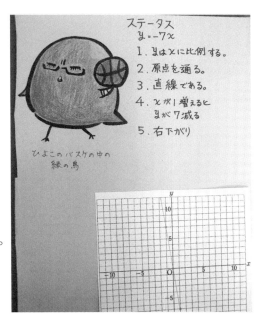

ゲームは次のように行う。
① 対戦相手を決める。机を合わせたものをバトルフィールドと呼び，対戦相手を決めたら席につく。
② ゲームを始める。自分のＦＣより，バトルに使うカードを１枚机の上に置く。バトルフィールドには下のような「変域カード」「最大・最小カード」の２種類のカードが４枚ずつ裏返して並べてある。

| $-6 \leqq x \leqq -2$ | $-3 \leqq x \leqq -1$ | 最大値が大きい | 最大値が小さい |
| --- | --- | --- | --- |
| $2 \leqq x \leqq 6$ | $1 \leqq x \leqq 3$ | 最小値が大きい | 最小値が小さい |

「変域カード」の例　　　　　　　　「最大・最小カード」

③ じゃんけんをして，勝った方が「変域カード」を裏返して置く。負けた方が「最大・最小カード」を裏返して置く。

第３章　ペア・グループ学習を位置づけた対話型授業モデル　83

例えば，A君は $y=2x$，Bさんは $y=-\dfrac{6}{x}$ だとする。じゃんけんの結果，Aは勝ったので「変域カード」を一枚表にする。「変域カード」（$-6\leqq x\leqq-2$）を引いたとすると，Aは $y$ の変域が $-12\leqq y\leqq-4$，Bは $1\leqq y\leqq 3$ になる。そこで，Bが「最大・最小カード」（最小値が大きい）を一枚表にする。$-12$ と $1$ なので，Bの勝ちになる。

④どちらかが2勝するまで続ける。2勝したら，勝った人は負けた人からサインをもらう。

### ①ゲーム内容を把握する

T 今日は，皆さんが楽しみにしていたFCBの当日です。ルールについては，前の時間の最後に説明しましたが，もう一度確認してみましょう（ルールについて例を挙げて説明する）。

T ここで，一つルールをつけ加えます。それぞれが $y$ の変域を求めてください。その後，お互いに見せ合いをしてください。間違っていたらその時点で負けになります。間違わないようにしてくださいね。

T それと確認ですが，これはグループでの対抗戦です。サインをもらった数で勝敗を決めます（グループの人数が違うときには，グループ全員のサインの数の合計を人数でわった平均で競い合った）。

T それでは，今からグループでFCBに向けての練習をしてください。

― POINT ―
　グループでの対抗戦であることと間違えると負けになることを伝えることにより，理解できていない生徒は頑張って理解しようとする。わかっていない人に教えようという気持ちから，何とかして理解してもらおうという気持ちが生まれる。そこに，教え合いが生まれる。

② ゲームを開始する
T　さあ，今からゲーム開始です。対戦相手を見つけて，バトルフィールドについてください。ただし，同じ相手と2回対戦してはいけません。

③ ゲームを中断する
T　今，行っているゲームが終わったら，机をグループに戻してください。
T　それでは，グループに戻って，途中経過の報告をしてください。
S　$y$の変域の最大と最小の数を間違って負けてしまったよ。
S　関数だけから考えるんじゃなくて，グラフを見て確認しようよ。

― POINT ―
　途中経過の報告をするだけでなく，間違いがなかったかどうかも確認させる。そして，どうすれば間違いが減るかも考えさせる。そこに学び合いが生まれる。

**2**年　式の計算

# 友だちの間違いはなぜ起こるの？

| 用いる技法 | センド＝ア＝プロブレム |
|---|---|

## 1　問題

> 友だちが，下のような間違いをしていました。なぜ間違ったのか教えてあげましょう。
>
> $$\frac{x+5y}{2}-\frac{x-2y}{4}=x+3y$$

> 友だちが，下のような間違いをしていました。なぜ間違ったのか教えてあげましょう。
>
> $$\frac{x+5y}{2}-\frac{x-2y}{4}=x+2y$$

> 友だちが，下のような間違いをしていました。なぜ間違ったのか教えてあげましょう。
>
> $$\frac{x+5y}{2}-\frac{x-2y}{4}=x+12y$$

> 友だちが，下のような間違いをしていました。なぜ間違ったのか教えてあげましょう。
>
> $$\frac{x+5y}{2}-\frac{x-2y}{4}=\frac{x+8y}{4}$$

## 2　授業のねらい

○主体的な学び

　問題は，テストで実際に生徒が間違った解答を基に作成した。間違った理由を探させることで，正解している生徒はクイズのような感覚をもち，間違った生徒は自分の間違いの理由なのですぐわかる。すべての生徒が前向きな気持ちで取り組むことができる。

○対話的な学び
　答えを求めるだけでなく，なぜ間違ったのかを説明する必要がある。そこに対話が生まれる。
○深い学び
　それぞれの間違った理由を比較したり，分類したり，関連づけたりすることが深い学びにつながっていく。

3　**授業展開例**

　センド＝ア＝プロブレムは，次のような手順で進める。
①グループごとに問題を与えて解かせる。すべてのグループが同時に問題を解くために，グループ数だけ別々の問題を渡す。
②与えられた問題をグループで話し合って，解決法を紙にまとめ，封筒に入れて次のグループに渡す。
③前のグループから問題を受け取ったグループは，前のグループの解答を見ることなく問題に取り組む。そして，また解決法を封筒に入れて次のグループに渡す。
④この手順を繰り返す。

　一周回ったときには封筒の中には他グループの解決法が入っている。それを取り出し，各グループが出した解決法を比較・検討する。

　そして，それらを参考にしながら，右の写真のようにホワイトボードに自分たちの解決法をまとめる。そして，ホワイトボードを用いて学級全体に報告する。

## ①問題を把握する

**T** これらは，先日行ったテストで間違いがあった問題です。友だちがなぜ間違ったのかを考えてください。そして，どうすれば次に間違わないか教えてあげてください。

　センド＝ア＝プロブレムの方法について説明する。

## ②グループで話し合う

　1枚目の封筒が配られ，その中から問題を取り出す。

**S** $\dfrac{x+5y}{2}-\dfrac{x-2y}{4}$ が，どうして $x+3y$ になったんだろうね。

**S** これを解くと $\dfrac{x+12y}{4}$ になるよね。

**S** わかった。$12y$ を4でわったんじゃない？

**S** そうだよ。

**T** 間違った理由だけじゃなくて，それがどうしてダメなのかも説明してくださいね。

> **POINT**
>
> 　正解と間違いを比較し，間違いを訂正するだけで満足するグループが出る。それがどうしてダメなのか，その間違いが，これから起こらないようにするためにはどうすればよいかについても考えさせたい。

**S** 数を例に出したらどう？　$\dfrac{1+12}{4}$ で説明したらわかりやすくない？

**S** $\dfrac{1+12}{4}=\dfrac{13}{4}$ なのに $\dfrac{1+12}{4}=1+3=4$ としているのと同じことだね。

$\dfrac{8+12}{4}=\dfrac{20}{4}=5$，$\dfrac{8+12}{4}=2+3=5$ の例も出してみたら，約分できるときと，できないときが区別できるんじゃない？

**S** それで，まとめてみよう。

まとめたものと問題を封筒の中に入れ，次のグループに渡す。前のグループから封筒を手渡され，その中から問題を取り出す。

S　今度は$\frac{x+12y}{4}$になるところが，$\frac{x+8y}{4}$になっているんだね。

S　$8y$になっているということは，$y$の計算で間違ったんだね。

S　$2(x+5y)-(x-2y)$のところを，$2(x+5y)-x-2y$にしたんじゃない？

S　そうだよ。これも整数を例に出して説明したらわかりやすいかも。

　まとめたものと問題を封筒の中に入れ，次のグループに渡す。また，前のグループから封筒を手渡され，その中から問題を取り出す。

S　今度は$\frac{x+12y}{4}$になるところが，$x+2y$になっているよ。

S　これって，1枚目と2枚目の両方の間違いをしているんじゃない？

- POINT
　ばらばらだった間違いをつなげることで，この問題を解くときに陥りやすいポイントを整理することができる。そのような声かけを机間巡視のときに行うと，深い学びにつながっていく。

〈引用・参考文献〉
・三橋和博（2016）『高校入試のつまずきを克服する！ 中学校数学科 アクティブ・ラーニング型授業』明治図書

**2**年 連立方程式

# 必勝法を見つけろ

| 用いる技法 | ゲーム |
|---|---|

## 1 問題

> 狸10匹をＡホテル（２匹部屋ばかり）とＢホテル（１匹部屋ばかり）に移動させます。みんなは移動の様子を見ることはできません。後ろを向いたまま，移動の音だけでＡホテルとＢホテルにそれぞれ何匹入ったかを当てるというゲームです。
>
> このゲームには，必勝法があります。それを使うとみんなは必ず先生に勝てます。どのような方法でしょうか？

## 2 授業のねらい

○主体的な学び

グループごとの対抗戦であることや，必勝法があるということを知らせることで，その必勝法を追究したいという意欲を高める。

○対話的な学び

ゲーム中に必勝法に気づく生徒もいる。その生徒はグループの他の生徒に説明したくて仕方がない。その気持ちが活動への意欲につながる。必勝法には鶴亀算，一次方程式，連立方程式があり，そこに対話が生まれる。

○深い学び

再度ゲームを行ったり，新たな問題を提示したりすることで，鶴亀算，一次方程式，連立方程式のそれぞれのよさや関連についても考えることができる。

## 3 授業展開例

### ①問題を把握する

T　これから，ゲームをします。今から，黒板に貼った狸10匹をAホテル，Bホテルに移動させます。Aホテルは2匹部屋で，Bホテルは1匹部屋です。

T　各グループの代表は，後ろを向いて，黒板を見ないでAホテルに何匹，Bホテルに何匹いるかを当ててください。

S　見ないで当てるなんて無理だよ。

T　しっかり聞いていたら，わかると思いますよ。それでは始めます。

### ②ゲームをする

T　それでは，第1グループの代表の人は前にきてください。

　代表者が前にきて，黒板を背にして目をつぶる。

T　ゲームを始めますよ。

T　1回目，移動します。2回目，移動します。…6回目，移動します。これで，移動は終わりました。Aホテル，Bホテルには何匹ずついるでしょうか？

S　何も聞こえなかったよ。わからないけど，勘でA6匹，B4匹かな。

T　残念。違います。

　何グループかがゲームをしているうちに，移動の回数がわかれば，Aホテル，Bホテルにいる狸の数がわかるということに気づく生徒が出てくる。

T　何も聞こえませんでしたか？　聞こえているはずなんだけどな。

　「聞こえる」というのが，移動の音ではなく，移動の回数の声だと気づい

た生徒は，にこにこしながら頷いていた。そして，自分が気づいたことを言いたくて，言いたくて仕方ないという様子である。

> **POINT**
>
> 　気づいても，グループの中でも話させないようにする。言いたくて，言いたくて仕方ない状態にしておくことが，活動への意欲を生む。

### ③必勝法を考える

> **POINT**
>
> 　再度，ゲームをすることを伝えることによって，今度は正解しようという気持ちになり，解決しようという意欲を高めることができる。また，代表で出てくる生徒は，くじびきで決めることを伝えることにより，グループ全員が取り組まなければいけない状況をつくる。

## （第1グループでの話し合いの様子）

S　このグループは，移動の回数がわかれば，AホテルにいるいるΑホテルにいる狸の数とBホテルにいる狸の数が決まることに気がついていた？

S　そうか。だから，先生が聞こえるって言っていたのは回数のことなんだ。

S　次のゲームに向けてどうする？

S　表をつくってみようよ。

　このグループは，移動の回数がわかれば，Aホテルにいる狸の数とBホテルにいる狸の数が決まるということに気がついた。そこで，表をつくって，このパターンを覚えてしまうことにした。

| Aホテルの狸の数 | 0 | 2 | 4 | 6 | 8 | 10 |
|---|---|---|---|---|---|---|
| Bホテルの狸の数 | 10 | 8 | 6 | 4 | 2 | 0 |
| 移動の回数 | 10 | 9 | 8 | 7 | 6 | 5 |

（第2グループでの話し合いの様子）

S 鶴亀算って覚えている？　これも，移動した回数をすべてＡホテルの狸って考えるんだよ。Ａホテルに，8回移動したら16匹いなくちゃいけないでしょ。ところが，10匹しかいないから（16－10）匹の6匹がＢホテルってことだよ。

S そうか，移動の回数×2－10がＢホテルの狸の数になるんだね。

（第3グループでの話し合いの様子）

S 僕，いいことに気づいたよ。狸10匹で，6回移動だったら，10－6＝4でしょ。4×2をすると8になるでしょ。この8がＡホテルの狸の数になるんだよ。だから，狸の数を $x$ 匹，移動の回数を $y$ 回とすると，（$x$－$y$）×2がＡホテルの狸の数になるよ。

S 狸10匹で，8回移動だったら，（10－8）×2で4になる。確かに，Ａホテルの狸の数は4匹だよ。すごい。でも，どうしてそうなるの？

S それはわからない。でも，答えは出てくるよ。

④再度，ゲームを行う

─ POINT ─

　もう一度ゲームをするのだが，ここで狸の数を変える。このことにより，パターンを覚えれば解決できるグループの考えをつまずかせ，狸の数が何匹でも解決できる方法を追究するようになる。

T グループで話し合って，必勝法は見つかりましたか？

T それでは，再度ゲームを行います。くじびきで当たったグループの代表はホワイトボードとマーカーを持って，出てきてください。

　一人ずつゲームをやっていくと時間がかかるので，すべてのグループが前に出て一回だけゲームを行う。

T それでは，6匹増やして16匹でゲームを行いたいと思います。

　10匹のパターンを覚えているだけのグループからは，どうしようという声が上がる。

第3章　ペア・グループ学習を位置づけた対話型授業モデル　93

T　ゲームを始めますよ。

T　1回目，移動します。2回目，移動します。…10回目，移動します。これで，移動は終わりました。Aホテル，Bホテルには何匹ずついるでしょうか？

　前に代表で出ている生徒たちは，ホワイトボードで計算して，答えを書き，教師の発声で同時にホワイトボードを提示し，みんなに見せる。

### ⑤一般化を図る

T　それでは，狸の数を100匹，移動を60回とすると，Aホテル，Bホテルにいる狸の数を求めてみましょう。

### （解き方①…第2グループ）

　鶴亀算を使って，移動の回数×2－狸の数がBホテルに移動した狸の数になる。だから，60×2－100＝20になって，Bホテルに移動した狸が20匹。Aホテルに移動したのは，100－20で80匹になる。

### （解き方②…第3グループ）

　狸の数を$x$匹，移動の回数を$y$回とすると，Aホテルに移動した狸の数は，$(x-y)×2$になる。だから，$(100-60)×2＝80$だから，80匹がAホテルに移動したことになる。

　このグループは解いているが，なぜこのようになるかと質問したところ，説明はできない。

### （解き方③）

　Aホテルへ移動した回数を$x$回とすると，Bホテルに移動した回数は$(60-x)$回になる。

### （解き方④）

　Aホテルへの移動を$x$回，Bホテルへの移動を$y$回とすると，

$$\begin{cases} x+y=60 \\ 2x+y=100 \end{cases}$$

### （解き方⑤）

　Aホテルへ移動した狸を$x$匹，Bホテルへ移動した狸を$y$匹

$$\begin{cases} x + y = 100 \\ \dfrac{1}{2}x + y = 60 \end{cases}$$

**（解き方⑥）**

狸を $x$ 匹，$y$ 回移動したとして，Aホテルへ移動した狸を $a$ 匹，Bホテルへ移動した狸を $b$ 匹

$$\begin{cases} a + b = x & b = -x + 2y \\ \dfrac{1}{2}a + b = y & a = 2\,(x - y) \end{cases}$$

　解き方⑥のグループが説明したときに，解き方①をした第2グループからは「一緒だ」，解き方②をした第3グループからは「オー」という声が上がった。第2グループの言葉は，連立方程式での解が自分たちの解き方であることへの驚きから出たのであった。

　特に，印象深かったのは第3グループの反応であった。そのような反応が出たのは，答えが出ていても，なぜそうなるかを質問されてもわからなかった答えが，解き方⑥をしたグループの発表の中にあったからである。

┌─ **POINT** ─────────────────────────────

　解き方⑥のグループがこのような解き方に結びついているのは，教師の「今回は，狸100匹で移動回数60回だけど，次のゲームのときは変わるかもしれないね」というつぶやきに反応したからだ。

└──────────────────────────────────────

**⑥関連を考える**

　驚きは追究への意欲に変わり，生徒は解き方①と⑥や解き方②と⑥の関係について考え始める。それだけでなく，一元一次方程式と連立二元一次方程式の関係についても考えた。これが，連立方程式の理解をさらに深めていくことになった。

第3章　ペア・グループ学習を位置づけた対話型授業モデル　95

**2**年 連立方程式

# 的当てゲームをしよう

| 用いる技法 | ゲーム |
| --- | --- |

## 1 問題

　　右の表の $a \sim y$ のカードには，1〜25
までの数が隠れています。

　　各グループで，2つのカードを選んで
ください。例えば，$a$ と $b$ のように選ん
でください。そうすると，先生が $a$ と $b$
の数をたした数を言います。5回の合計

| $a$ | $b$ | $c$ | $d$ | $e$ |
| --- | --- | --- | --- | --- |
| $f$ | $g$ | $h$ | $i$ | $j$ |
| $k$ | $l$ | $m$ | $n$ | $o$ |
| $p$ | $q$ | $r$ | $s$ | $t$ |
| $u$ | $v$ | $w$ | $x$ | $y$ |

を，各グループの得点として競い合ってもらいます。5回目は，得点を
10倍にします。ただし，まったく同じカードを選ぶことはできません。
$a$ と $b$，$a$ と $c$ は，まったく同じカードを選んだことになりません。

## 2 授業のねらい

○主体的な学び

　難易度の高い連立三元一次方程式についても，ゲームを取り入れることに
よって，挑戦する意欲をもたせる。連立二元一次方程式が，1年で学習した
一元一次方程式に帰着させて，2つの文字のうち一方の文字を消去している
ことに生徒自らが気づくことにより，連立三元一次方程式の解法に見通しを
もたせる。

○対話的な学び

　対話により，連立二元一次方程式が，一元一次方程式に帰着させて，2つ

96

の文字のうち一方の文字を消去していることに生徒自らが気づく。

○深い学び

　連立三元一次方程式を解く方法を考察する過程で，連立二元一次連立方程式を加減法や代入法でなぜ解くことができるかふりかえることが深い学びにつながる。

### ③ 授業展開例

#### ①問題を把握する

T　今日は，的当てゲームを行います。

T　$a$〜$y$のカードには，１〜25までの数が隠れています。各グループで，２つのカードを選んでください。例えば，$a$と$b$のように選んでください。そうすると，$a$と$b$の数をたした数を私が言います。５回の合計を，各グループの得点として競い合ってもらいます。

T　５回目は，得点を10倍にします。ただし，まったく同じカードを選ぶことはできません。$a$と$b$，$a$と$c$は，まったく同じカードを選んだことにはなりません。

T　それでは，準備はいいですか？

#### ②ゲームを始める

S　$a$と$b$

T　$a + b$は45になるよ。

　各グループは順番に，２つのカードを言っていく。

#### （展開例１）

T　すべてのグループで４回目が終わりましたね。いよいよ最後のコールです。最後のコールは，得点が10倍になります。しっかり考えてコールしてくださいね。

T　しっかり考える時間として，15分間取ります。各グループでコールするカードをよく話し合ってくださいね。

┌─ **POINT** ─────────────────────────────────────────┐

　5回目のコールの得点を10倍にすることで，グループでカードの数を求めようとする意欲を生む。そして，時間を十分に取ることで連立三元一次方程式の解き方に気づかせ，生徒たちに解く時間を与える。

└─────────────────────────────────────────────────────┘

### ③グループで話し合う

**S1**　どのカードにする？

**S2**　$a+b=45$，$a+c=47$になっている。だから，$a$，$b$，$c$のうちのどれかが高い得点なんじゃない？

**S3**　これって，計算できることない？

**S1**　でも，文字が3つあるから解けないよ。

┌─ **POINT** ─────────────────────────────────────────┐

　文字が2つの場合は，2つの二元一次方程式が必要だったことを思い出させる。

└─────────────────────────────────────────────────────┘

**S3**　だったら，$a+b=45$，$a+c=47$だけじゃなく，$b+c=42$も加えて，3つの式で考えたらいいんじゃない？

**S4**　$a+b=45$，$a+c=47$から，$b=45-a$，$c=47-a$と変形することができるよ。それを，$b+c=42$に代入してみると解けるんじゃない？

**S2**　$(45-a)+(47-a)=42$になるよ。解くと$a=25$になったよ。

**S3**　$a=25$ってわかったから，$b=45-25=20$，$c=47-25=22$になって，$b$のカードも$c$のカードもわかったよ。

┌─ **POINT** ─────────────────────────────────────────┐

　解き方がわかっただけでなく，問題解決において，すでに知っている方法に帰着させるという考え方に基づいていることを確認させたい。

└─────────────────────────────────────────────────────┘

**S2**　それじゃ，手分けしてわかりそうなカードを解いていこうよ。

S3 　$n$ が24だよ。

S4 　$a = 25$ で，$n = 24$ だから，5回目のコールは $a + n$ だね。49になるから，10倍して490点だね。

S1 　これで，勝てるね。

┌─ POINT ────────────────────────────────────
　ゲームの途中にグループでの話し合いを入れると，カードの得点を探るのみに興味・関心が向いてしまう場合がある。そんなときは，ゲームが終わってから，グループの話し合いをもつようにする。
└────────────────────────────────────────

　次に，別の展開例を紹介する。

**（展開例２）**

T　結果は1班の勝ちですね。これで，第1回の的当てゲームは終わりました。もう一回，的当てゲームをしたいと思います。他のグループも次は頑張りましょう。

T　実は，このゲームには勝つコツがあるのです。カードの得点もわかる方法もあるんですよ。今から，作戦タイムです。

**（展開例３）**

T　結果は1班の勝ちですね。これで，的当てゲームは終わりました。

T　実はこのゲームは，カードの得点がわかる方法があるのです。その方法について，これからグループで話し合ってほしいと思います。後で発表してもらいます。

┌─ POINT ────────────────────────────────────
　代入法で考えて解くことができたグループには，加減法での解法も考えさせてみる。また，解く方法を比較することにより，連立二元一次方程式や一元一次方程式との関連も捉えさせたい。
└────────────────────────────────────────

**2**年　一次関数

# 面積が変わる図形？

| 用いる技法 | スリーステップ法　p.24 |

## 1　問題

　　1辺が8cmの正方形があります。それを下のように切断します。そして，長方形に並び替えます。そうすると，不思議なことが起こりました。64cm$^2$の面積が65cm$^2$になりました。どうしてでしょうか？

8 cm

8 cm　→　13 cm　5 cm

## 2　授業のねらい

○主体的な学び

　面積が64cm$^2$の正方形が，並び方を変えるだけで65cm$^2$の長方形に変わることに興味をもつ。

○対話的な学び

　困難な課題であるが，スリーステップ法を用いることによって，対話によって多面的・多角的に粘り強く，くりかえしくりかえし考えさせる。

○深い学び

　解法に，一次関数などの既習事項が活用できることを実感させることで，深い学びにつなげていく。

## 3 授業展開例

### ①問題を把握する

T 今日は，不思議な正方形について考えてみたいと思います。まず，この正方形を見てください。面積はいくらになりますか？

S 8cm×8cmで64cm²

教師が前で，正方形から長方形に並び替えを行う。

T それでは，この長方形の面積はいくらになりますか？

S 13cm×5cmで65cm²（「えー」「なんで」などの声が上がる）

T これが今日の問題です。なぜ，正方形から長方形に変えるだけで面積が変わったか説明してください。スリーステップ法で行います。

**POINT**

操作的な活動を取り入れる。できれば，生徒にも正方形の紙を配り，切り取って長方形に変形させる操作を取り入れたい。

### ②ペアで話し合う（STEP1）

S 今って一次関数を勉強しているじゃない？先生のことだからきっと一次関数を使うよ。

S グラフに表してみない？

S あれっおかしいよ。

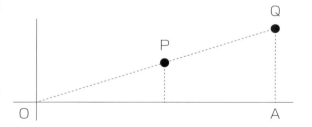

S P（8，3），Q（13，5）とすると，OPのグラフは原点と（8，3）を通っているからこの直線は $y=\frac{3}{8}x$ になるでしょ。OQのグラフは原点と（13，5）を通り，$y=\frac{5}{13}x$ になるよ。これって一致していないよ。

S それって，どういうこと？

S 直線じゃないってことだよ。

S だから，紙がきちっとくっついていないんだ。それが面積が変わる理由か。

S 直線じゃないことを説明するのに，こんな言い方もあるよ。

S OP の直線の式は，$y = \dfrac{3}{8}x$，PQ の直線の式は（8，3）（13，5）を通っているから，$y = \dfrac{2}{5}x - \dfrac{1}{5}$ になる。傾きが違うから，直線になっていないという説明でもいいんじゃない？

S 直線の式を求めなくても，変化の割合が一致していないから傾きが違うことを言ってもいいんじゃない？

S いろんな説明の仕方があるね。

T みんな，いろいろな解き方で解いてくれています。次は，縦の人に説明しましょう。どんな説明をすればわかりやすいかも話し合ってくださいね。

┌─ **POINT** ─────────────────
　答えを導き出して終わりではない。次に説明する相手を意識してわかりやすい説明は何かを考えることが，知識や技能を深化させていく。
└──────────────────────────

S 変化の割合から傾きを求めて，傾きが一致していないから直線ではないことを説明してみる。これでわかってもらえなかったら，直線の式から同じ直線になっていないことで説明してみる。

## ③ペアで話し合う（STEP2）

　次は，縦の人と話し合う。前で紹介した2人は，自分たちの考えを堂々と縦の人に説明していた。縦のペアの人は解けていなかったので，傾きが一致していないことから直線ではないという説明に感心していた。そのことで，さらに自信を深めていった様子だった。

④**グループで話し合う（ＳＴＥＰ３）**

　スリーステップ法であったら，２回説明をしているので，このステップではほぼ個人でも説明ができる。全体での話し合いから始まる。

S　傾きが一致していないから直線でないことの説明で理解してくれた？

S　理解してくれたよ。

S　それじゃあ，全体での発表はこれで説明することにしようよ。

S　わかった。でも，直線じゃないから面積が１cm²増えるというところの説明がいまいちわかりにくかった。

S　面積が１cm²増える説明を考えてみよう。

S　直線でない部分を拡大してみて，上下で合わせてみよう。そうしたら，隙間が空いていることがよくわかるんじゃない？

S　言葉だけより，目で見える形で表現する方がよくわかるね。

---

**POINT**

　スリーステップ法は，説明した後，自分の説明を自己評価する。次の説明では，もっとわかりやすい説明をしようと意識する。このように，失敗をすぐ取り戻せるのが特徴である。教師は机間巡視をしながら，説明の内容がどう変わっていったかも記録しておくと，最後のふりかえりで紹介できる。

**2**年 一次関数

# 携帯電話ショップの店員になってみよう

| 用いる技法 | スリーステップ法　p.24 |

## 1 問題

　　あなたは，携帯電話ショップの店員です。店にはいろいろなお客さんが携帯電話を買いにきます。携帯電話には，次のような料金プランがあります。いろいろな事情のお客さんに，最適のプランをわかりやすく説明しよう。

|  | 月額基本使用料 | 通話料 |
|---|---|---|
| プランA | 3500円 | 25円／分 |
| プランB | 2000円 | 40円／分 |
| プランC | 7500円 | 0円／分 |

## 2 授業のねらい

○主体的な学び

　最初に，ニュース記事を読むことから始める。自分たちが今から解決しようという問題は，今の社会でも問題になっていることだと知り，問題を解決しようという意欲がわく。

○対話的な学び

　この問題では，ロールプレイングをしなければいけないので「自分たちの考えを的確に表現する力」が要求される。そこで，スリーステップ法を用いることにした。スリーステップ法では，くりかえし自分の考えを表現する機会が与えられる。対話の過程において，表現力が磨かれていく。

104

○深い学び

　様々な状況に応じて瞬時に判断しなければならないので，方程式を解いている時間もない。また，お客さんに対して説明をしなければならないので，わかりやすい資料を準備する必要がある。日常生活との関連を意識させることで，グラフの必然性が生まれ，どのような資料をつくろうかと考えることが深い学びにつながる。

## ③　授業展開例

　右の図のようなカードを準備する。表には①〜⑩までの数字が書かれている。その裏には，いろいろなお客さんの事情が書かれている。その事情

> 彼と携帯電話で
> 長電話をしてしまう人

には10種類あり，「毎日は携帯電話を使わないが1週間に1日くらいは友だちと長電話をしてしまう人」「県外の大学にいる孫にたまに『元気にしてる?』と携帯電話で連絡する人」などの設定が書かれている。

　生徒たちは，携帯電話のショップ店員となり，来客に対応するロールプレイングを行う。最初に，①〜⑩のカードのうち1枚を選ぶ。もちろん，裏にどのような設定の人が書かれているかは知らない。そして，その選んだお客さんの設定に教師がなりきって，そのショップに来店し，店員役をしている生徒たちと会話するというものである。

### ①問題を把握する

T　今日は，このニュース記事から問題点を探してほしいと思います。

> 携帯の新料金プラン　電話機代高く，利用料下げ広がる選択肢体系は複雑に
> 携帯電話機の購入代金が今より高くなる代わりに，電話代は安くなる新料金プランが今月，相次いで始まります。利用者の選択肢は広がりますが，料金体系は一段と複雑になり，どれが得になるか悩む人が増えるかもしれません。

T　どうすればこの社会問題を解決することができるでしょうか?

第3章　ペア・グループ学習を位置づけた対話型授業モデル　105

> **POINT**
>
> 　問題を設定するときに，生徒が自ら解いてみたいという気持ちにさせることを重視している。今から取り組む問題が，現実に起こっている問題であることを認識させる。現実の問題に取り組んでいるという認識が，生徒のやる気を引き出す。

S　どの料金プランが得なのかきちんと店の人が説明すればよいと思います。

T　それでは，どのような説明をすればよいか考えてみてください。

> **POINT**
>
> 　教師から問題を提示するのではなく，何が問題なのかを生徒と話し合う中で問題を設定していった。生徒とともに問題設定を行うことにより，自分たちで問題を設定したことになる。そのことが主体的な学びにつながるのである。

## ②スリーステップ法で話し合いを行う

T　それでは，スリーステップ法で取り組んでみましょう。

> **POINT**
>
> 　同じ問題をくりかえし違う人や違う場面で取り組むことにより，一人ひとりが問題に対して主体的になることができる。

T　まだ終わっていないグループもあると思いますが，今日は終わりたいと思います。次の時間は，ロールプレイングから始めたいと思います。

> **POINT**
>
> 　あえて，話し合いの途中で終わることによって，より協働的に，より深く学ぶ機会を与えた。この授業は，金曜日に行った。そのことが，休日に集まって問題解決に取り組む生徒たちの姿につながった。保護者に相談して取り組んだ生徒もいた。まさしく協働的な学びである。

## ③ロールプレイングを行う

あるグループのロールプレイングの様子である。

S　いらっしゃいませ。ご用件は何でしょうか？

T　携帯電話のプランについて教えてほしいのですが。

S　当店では3つございます。お客様がどのプランに適しているか判断させていただくため，このアンケートに答えていただきたいのですが。

T　（生徒が作成したアンケートに記入する）

T　使用時間の欄なんですが，プライベートでは家の電話，仕事では職場の電話を使うので具体的な使用時間はわかりません。

S　少しお時間をいただけないでしょうか。

S　（4人で相談し，各プランをグラフに表した資料を提示する）

S　お客様の場合は，携帯電話をほとんど使用しないということで使用時間を1時間弱と当店では判断いたしました。このグラフを見ていただければわかりますようにBが最適だと思います。

T　何分以上使用すると，Aが安くなるのですか？

S　このグラフを見ていただければおわかりになると思いますが，1時間40分以上使用すると，Aの方が安くなります。

T　Cは，通話料が0円なので安いのではないのですか？

S　Cは，お客様のおっしゃる通り，通話料はかからないのですが，このグラフからわかりますように，2時間40分以上使わなければお得になりません。

T　よくわかりました。それではBでお願いします。

---

**POINT**

　学びの価値づけが重要と考えている。自己評価と他者評価を行うことは当然であるが，その後，現実の社会と数学がどのように関連しているかを生徒に実感させることである。本授業では，生徒が実際に調査した携帯電話ショップのパンフレットを提示し，グラフの有用性を確認した。

---

第3章　ペア・グループ学習を位置づけた対話型授業モデル　107

## 2年　基本的な平面図形の性質

# この人の五角形の内角の和の求め方は？

| 用いる技法 | フィードバック学習法　p.54 |

## 1　問題

　ある生徒が，五角形の内角の和を180°×5－360°という方法で解きました。
　この生徒の考え方を説明してください。

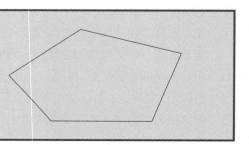

## 2　授業のねらい

○主体的な学び

　フィードバック学習法を取り入れることにより，いきなり難しい問題に挑戦するのではなく，少しずつ難しい問題に取り組むことになる。この過程が見通しをもった学習につながる。また，自己の学びをふりかえり，次につなげていくことが主体的な学びを促す。

○対話的な学び

　生徒同士で教え合い，また教師からのアドバイスをもらうことで，自己の技能や知識を広げたり，深めたりすることができる。

○深い学び

　フィードバックすることで，自分の技能や知識をくりかえし見直すことになる。そのプロセスが深い学びにつながっていく。

## 3 授業展開例

### ①予習してきたことを教え合う

　宿題として，教科書の内容を予習してくる。グループで予習してきた内容を教科書を見ずに，説明し合う。お互いの説明でわからなかったことなどを教科書を見ながら確認する。そして，学級全体の前で発表をする準備をする。

T　予習をしてきましたか？　グループの代表に，前で今日の学習内容を説明してもらいます。誰が，前で発表するかはわかりません。グループで，今日の学習内容を説明できるようにしましょう。

```
┌─ POINT ──────────────────────────────────

　代表として発表する生徒は，くじびきで決めることにしている。くじびきでなくてもよいのだが，誰が発表するのかわからない状態にしておくことがポイントである。そのことにより，グループの誰かに任せるというのではなく，全員が学習内容を説明できるように努力する。それで，教え合いが生まれる。

└──────────────────────────────────────────
```

### ②「出力」（予習してきたことを説明する）

T　それでは，くじびきを引いた結果，1グループからはAさんに発表してもらいます。

S　多角形の内角の和は，$180° \times (n - 2)$ で表すことができます。三角形だと，$180° \times (3 - 2) = 180°$になるので，正しいと言えます。

```
┌─ POINT ──────────────────────────────────

　教科書を使って家で予習し，予習した内容を説明し合い，その後グループで教え合いまでするのだから，理解するのは当然だと思っていた。しかし，必ずしもそうではなかった。逆に，生徒の間違いからスタートすることで，知識の理解を深められることもわかった。ポイントは，生徒の陥りやすい間違いを生かすことにある。

└──────────────────────────────────────────
```

S　多角形は1つの頂点から対角線を引くと，三角形に分けることができます。例えば，四角形は三角形が2つ，五角形は3つ，六角形は4つに分けることができます。このことから，$n$ 角形だと $(n-2)$ 個の三角形に分けられます。

S　三角形の内角の和は，前の時間に証明したように180°だから，多角形の内角の和は，180°×$(n-2)$ になります。

③「入力」（生徒の説明から，教師が今日の学習内容について説明する）

　教師は生徒の説明を基に，多角形の内角の和を帰納的に予想し，公式を導くことができることを確認する。

④「出力」（今日の学習内容を理解できているか確認する）

T　それでは，次の問題を解いてみよう。できたらグループの友だちと確認し合ってください。

---

(1)　八角形の内角の和は何度ですか？
(2)　内角の和が1800°になる多角形は何角形ですか？

---

⑤「出力」（今日の学習内容を深める）

T　それでは，次の問題を解いてみよう。

　教師が問題を提示する。問題を提示した後，個人で問題を解き，その後グループにする。そして，グループで話し合い，学級全体での発表の準備をする。

T　それでは，グループごとに説明してください。

S　右のように，五角形の内部に点をとって頂点を結ぶと，5つの三角形ができます。だから，180°×5になります。内部の点のまわりをすべてたすと360°になるので，180°×5－360°になります。

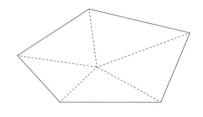

110

S　私たちは，n角形で考えました。内部に1点をとると，三角形がn個できます。内部の1点のまわりの角度は，何角形でも360°になるので，180°×n－360°になります。だから，五角形の場合は180°×5－360°になります。

- **POINT**
多角形の内角の和が，(180n－360)°でも求められることを確認する。180(n－2)°との関係についても考えさせる。

⑥「出力」（今日の学習内容をさらに深める）

T　それでは，宿題です。次の問題について考えてきてください。

　また，別の生徒は，五角形の内角の和を180°×4－180°という方法で解きました。
　この生徒の考え方を説明してください。

- **POINT**
さらに，少しだけ変えた問題を出すことによって，意欲を失わず，知識が深まっていく。

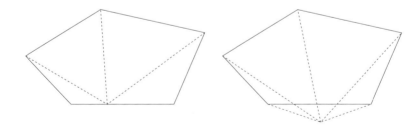

**2年　確率**

# パウル君のすごさを表現するには？

| 用いる技法 | スリーステップ法　p.24 |
|---|---|

## 1 問題

第19回W杯南アフリカ大会で有名になった「予言タコ」パウル君のことは知っていますか？　パウル君は，ドイツの水族館で飼育されていたマダコです。パウル君は，国旗をつけたエサ箱２つを沈め，パウル君がどちらを選ぶかという方法で，W杯８試合の勝敗を予想しました。パウル君はなんと，８試合すべてを当てることができたのです。世界中で話題にもなりました。

これがどれだけすごいことなのか，表現してください。

## 2 授業のねらい

○主体的な学び

話を数学的に説明することで，生徒は興味・関心をもって問題解決に取り組む。

○対話的な学び

この問題は，確率を求めて終わりではない。樹形図をかいて説明するにしても大変な作業になる。他の人にわかりやすく伝えるという意識が論理的な思考を促す。

○深い学び

確率を求めて終わりではなく，その説明方法が問われる。いろいろな説明方法に出会ったり，関連づけたりすることが深い学びにつながる。

## 3 授業展開例

### ①問題を把握する

T　サッカーのW杯がありましたね。日本もベスト16に入りましたね。覚えていますか？　実は，2010年の南アフリカ大会でもベスト16に入っています。

T　そのときの大会では，パウル君が世界中で有名になりました。パウル君を知っていますか？

S　サッカー選手ですか？

T　サッカー選手ではありません。パウル君の写真を見せますね。

　パウル君の写真を見せる。

S　タコですか？

T　タコです。このタコのパウル君が有名になったのです。

T　ドイツの水族館で飼育されていたマダコのパウル君なんですが，写真のように国旗をつけたエサ箱2つを沈め，パウル君がどちらを選ぶかという方法で，W杯8試合の勝敗を予想させました。パウル君はなんと，すべてを当てることができたのです。

T　世界中で「すごい」と評判になったのですが，そのすごさを数学的に皆さんに表現してもらいたいと思います。

### ②ペア学習をする（STEP1）

　あるペアの様子を紹介する。

S　とりあえず樹形図をかいて何通りあるか調べてみようか？

S　そうしよう。

　樹形図をかいている途中で，2人とも顔を見合わせてあきらめる。

S　樹形図じゃ，かききれないよ。何かいい方法はない？

S　樹形図を見ると，1戦目は2通りでしょ。2戦目になると4通り，3試合目になると8通り，4試合目になったら16通りになっているでしょ。だから，$n$戦目になったら$2^n$通りになるんじゃない？

第3章　ペア・グループ学習を位置づけた対話型授業モデル　113

S　そうか。だったら8試合になると$2^8$になるのか。

S　$2^8$だから256通りになるね。

S　8試合すべて当てるということは，確率が$\frac{1}{256}$になるね。

---
**POINT**

　確率を求めるのみだったら，これで終わりである。しかし，スリース
テップ法だと相手にわかりやすく説明する必要がある。そのことが深い
学びにつながる。

---

S　でも，いきなり$n$試合だったら$2^n$通りあると説明しても納得してくれ
　ないよ。

S　それじゃあ，$2^n$に気づいた過程をそのまま説明に利用したらどうだろ
　う？　樹形図と計算式を書いて説明してみよう。

### ③ペア学習をする（STEP2）

　STEP1で考えた解き方を，縦のペアの人に説明する。横のペアの人と
考えた通り，樹形図と計算式から説明していった。縦のペアの人は，2人で
協力して樹形図をかきあげていた。そう考えたらこんなに苦労せずに済むの
かと納得してもらい，計算式で考えた生徒はうれしそうであった。

### ④グループで話し合う（STEP3）

　学級全体で発表するための話し合いである。このグループでは，樹形図と
計算式のどちらを発表するのかといった話し合いではなく，両方の考え方を
生かそうとしていた。

---
**POINT**

　グループ活動では，どの考え方にするかといった話し合いに陥りがち
である。しかし，どの考え方にもよい点があり，それぞれを生かす視点
をもつような言葉がけを常にしておくことが重要である。それにより，
一つひとつの考え方をつなげていこうとする意識が生徒に生まれてくる。

---

⑤**学級全体で発表する**

このグループの発表では,まず樹形図が黒板に貼り出された。

S　ドイツの1試合の勝ち負けを,○と×で表しました。1試合目が勝ちの○に対して,2試合目も勝ち負けの○と×の2通りあります。1試合目が負けの×の場合も同じです。それを樹形図としてかきだすとこうなりました。この中でパウル君は1通りの組合せを当てたのだから,すごいと言えないでしょうか？

S　でも,樹形図をかくと,このような大変な作業になります。そこで,私たちは1試合目は2通り,2試合目は4通り,3試合目は8通り…（中略）…から,$n$試合だったら,$2^n$になっていることに気づきました。8試合行ったので,勝ち負けのパターンは$2^8$になります。

 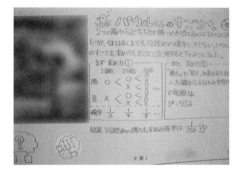

---**POINT**---

グループ活動において,「比較する」「分類する」「関連づける」などの思考スキルの重要性を意識させている。そうすると,それぞれの解法をつなげるような発表が増えてくる。これも深い学びを促進する要素の一つである。

**2**年　確率

# 挑戦状を受けますか？

| 用いる技法 | ＢＳＩ法　p.49 |
|---|---|

## 1 問題

　３つのさいころを投げるゲームをしよう。

　目の和が９になるのは，（１，２，６）（１，３，５）（１，４，４）（２，２，５）（２，３，４）（３，３，３）の６通り。

　目の和が10になるのも，（１，３，６）（１，４，５）（２，２，６）（２，３，５）（２，４，４）（３，３，４）の６通り。

　目の和が９になったらあなたの勝ち，10になったら私の勝ち，そのルールでゲームをしていいね。あなたは，この挑戦を受けますか？　受けませんか？　受けない場合は，どう答えますか？

## 2 授業のねらい

○主体的な学び

　一見６通りという同じ条件に見えるが，実際は異なる。そのことに気づいた生徒は，他の生徒に伝えたくなり，主体的な学びにつながる。

○対話的な学び

　確率を用いて説明することが求められるため，対話が生まれる。

○深い学び

　このゲームの提案が不公平であることを，確率に基づいて説明することが求められる。それだけでなく，受けない場合の答え方も求められており，ルールを変更すると公平なゲームになることに気づかせることもできる。

116

## 3 授業展開例

### ①問題を把握する

**T** このようなルールでゲームを提案されたとき，どうしますか？　この挑戦を受けますか？　受けませんか？

**T** 断る場合，どうして受けないか相手に納得してもらえるような説明をしてください。

---
**POINT**

　２人組にして，実際にゲームを行ってみるのも，生徒の興味・関心を高めるのに効果的である。

---

### ②グループで話し合う

**S** どちらも６通りで，同じ条件だから挑戦を受けてもいいんじゃない？

**S** でも，それだったら問題にしないよ。先生のことだからきっと不利なんだよ。

**S** わかった。すべての場合を，サイコロをA，B，Cとしてかきだしてみようよ。

**S** どうする？　２人組に分けて手分けしてかきだしてみる？

---

目の和が９になる場合は

| A | B | C | A | B | C | A | B | C | A | B | C | A | B | C | A | B | C |
|---|---|---|---|---|---|---|---|---|---|---|---|---|---|---|---|---|---|
| 1 | 2 | 6 | 2 | 1 | 6 | 3 | 1 | 5 | 4 | 1 | 4 | 5 | 1 | 3 | 6 | 1 | 2 |
| 1 | 3 | 5 | 2 | 2 | 5 | 3 | 2 | 4 | 4 | 2 | 3 | 5 | 2 | 2 | 6 | 2 | 1 |
| 1 | 4 | 4 | 2 | 3 | 4 | 3 | 3 | 3 | 4 | 3 | 2 | 5 | 3 | 1 |   |   |   |
| 1 | 5 | 3 | 2 | 4 | 3 | 3 | 4 | 2 | 4 | 4 | 1 |   |   |   |   |   |   |
| 1 | 6 | 2 | 2 | 5 | 2 | 3 | 5 | 1 |   |   |   |   |   |   |   |   |   |
|   |   |   | 2 | 6 | 1 |   |   |   |   |   |   |   |   |   |   |   |   |

---

第3章　ペア・グループ学習を位置づけた対話型授業モデル　**117**

S 目の和が9になるのは，25通りになったよ。

S 目の和が10になるのは，27通りになったよ。

S やっぱり，目の和が10になる方が有利じゃない？　このルールだったら不利だよ。

S そのことを説明して，提案を断ろうよ。

S じゃあ，4枚に分けて分担してプレゼンテーションをつくろう。

| | | | |
|---|---|---|---|
| 最初は，6通りずつで同じ条件だと思いました。ところが…略 | 目の和が9の場合はＡＢＣ　ＡＢＣ…126　　216…略 | 目の和が10の場合はＡＢＣ　ＡＢＣ…136　　226…略 | だから，不利になるこの条件でやるゲームは…略 |

上のようなものを分担してつくった。

S 2組に分かれてプレゼンテーションの練習をして，お互いに見せ合おうよ。

### ③前半の生徒が発表をする

T それでは，前半の担当の人は発表してください。後半で発表する人は，他のグループの発表を聞きにいってください。

T 一番納得したグループの発表には，よかった理由を書いた付箋紙を貼ってあげてください。

　教室のいろいろな場所で，グループごとに，自分たちなりの解き方を使ってみんなにプレゼンテーションを行った。

　組合せの数を比較するグループ，確率で比較するグループなど解き方も様々であるが，文章で論理的に表したり，樹形図を使って視覚的に説明しようとしたり，プレゼンテーションソフトのように画面を変えて見せていったり表現方法も様々であった。

### ④プレゼンテーションの見直しをする

S（**後半**）　付箋紙もらえた？

S（**前半**）　もらえなかった。他のグループの発表でよかったのは？

S（**後半**）　樹形図を使って説明しているのは見やすかったよ。

S（**前半**）　じゃあ，今のプレゼンテーションを樹形図に変えてみる？

> **POINT**
> 発表が一回だとうまくいかなかったら,それで終わりである。しかし,ＢＳＩ法では取り返しがきくことが特徴である。

T せっかくだから,変えるんじゃなくて,前の発表も生かしてみたら?
　このグループの生徒たちは,下のようなプレゼンテーションに変えた。

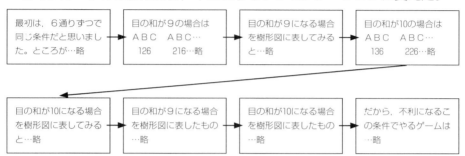

### ⑤後半の生徒が発表する

T それでは,後半の担当の人は発表してください。今度は,前半で発表した人が,他のグループの発表を聞きにいってください。
T 前回と同じで一番納得したグループの発表には,よかった理由を書いた付箋紙を貼ってあげてください。

　後半の発表の中には,不公平であることを説明した後,「３つのサイコロすべてが奇数の目だったらあなたの勝ち,３つのサイコロすべてが偶数の目だったらわたしの勝ちというルールだったらやってもいいよ」という新しいルールの提案をするグループも出てきた。

> **POINT**
> 前半でうまくいったグループでも,さらによい発表にしたいという気持ちになる。この気持ちが,深い学びを促進する。

〈引用・参考文献〉
・徳島県立川島中学校(2008)「ルポタージュ『知の総合化ノート』で自分を見つめ学びをつなぐ」『月刊　悠＋　2008年7月号』ぎょうせい

**3**年　式の展開と因数分解

# 9マス計算を速く解くためには？

| 用いる技法 | テスト＝テイキング＝チーム |
|---|---|

## 1　問題

9マス計算をしよう。

| $x$ | $(x+2)$ | $(x+3)$ | $(x+5)$ |
|---|---|---|---|
| $(x-3)$ | | | |
| $(x+3)$ | | | |
| $(x-2)$ | | | |

## 2　授業のねらい

○主体的な学び

　個人でテストを受けるのだが，チームでの競争になるので，個人の責任が問われる。教える側は，どうにかして理解できない生徒に理解させようとする。知識や技能が身についていない生徒は，責任感から主体的に理解しようとする。

○対話的な学び

　9マス計算を行っている途中で，早く展開する方法に気づく生徒もいる。その生徒は，グループの他の生徒に説明したくて仕方がない。また，他の生徒から自分の気づきについての意見が聞きたくなり，対話が生まれる。

○深い学び

　他にも乗法の公式がないか追究したり，自分たちが気づいた乗法の公式を整理しようとしたりすることが深い学びにつながる。

120

## ③ 授業展開例

　テスト＝テイキング＝チームの手順は，次の通りである。

①最初に，個人で9マス計算を行う。

②グループで時間内に，9マス計算をクリアするためにはどうすればよい
　か考える。

③再度，個人で9マス計算を行う。

④グループで気づいたことなどを整理する。

### ①問題を把握する

　多項式の乗法「$(x + 3)(x + 2) = x^2 + 2x + 3x + 6 = x^2 + 5x + 6$」
を学んだ後に，9マス計算を行う。9マス計算の方法について説明する。

### ②9マス計算をする

**T**　では，今から9マス計算を行います。時間は1分です。それではスター
　トです。

---

**POINT**

　9マス計算の縦と横に書いている多項式は，乗法の公式が使えるもの
にする。ここでの一番のポイントは時間設定である。乗法の公式を知ら
ないとすべて解くことができない時間に設定する。1分と限ったもので
はない。

---

**T**　1分経ちました。終わりです。

**S**　え〜。全部できなかった。

**S**　先生，1分じゃ無理ですよ。

**T**　そんなことないですよ。

**T**　それでは，私が前で実際にやってみますね。

　模造紙に事前につくっておいた9マス計算の表を黒板に貼り，生徒の前で
実際に行ってみる。

第3章　ペア・グループ学習を位置づけた対話型授業モデル　121

> ┌─ **POINT** ─────────────────────────────
>
>   生徒の前で行うときには，順番に解くのではなくてあえて乗法の公式
> に気づきやすいように順番を変えて行う。どうして，あの順番で解いて
> いるのかと考えさせることがポイントである。
>
> └─────────────────────────────────────

　生徒の中には，乗法の公式に気づく生徒が現れる。その生徒は他の生徒に
言いたくて仕方がない表情に変わる。

**T**　それでは，解答を合わせてください。グループで正解数を合計して報告
　　しにきてください。

　グループでの競争になっていたので，「ごめん」「次は間違わないから」と
いう言葉が飛び交った。これがグループ学習に取り組む意欲につながった。

**③次の9マス計算に向けてグループで相談する**

**T**　今回は2班が1位でした。また，9マス問題をします。ただし，問題は
　　違いますよ。他の班も2班に負けないように，グループで話し合ってく
　　ださい。

**（グループでの話し合いの様子）**

　乗法の公式に気づいた生徒は，堰を切ったようにグループ学習に取り組む。
チームとしての競争なので，お互いがもっている知識を教え合う。

**S**　気づいていた？　$(x-2)(x+2)=x^2-2^2$，$(x-3)(x+3)=$
　　$x^2-3^2$になっていたよ。だから，$(x-a)(x+a)$のときは，$x^2-a^2$に
　　なるんだよ。

**S**　確かにそうなっているよ。でも，どうしてなんだろう？

**S**　$(x-6)(x+6)=x^2+6x-6x-36$になって，$+6x-6x$が0に
　　なるからじゃない？

**S**　これで，このパターンはできるよね。

**S**　他の問題は，どうする？

**S**　$(x-5)(x+2)=x^2+2x-5x-10=x^2-3x-10$だから，$x$の係数
　　はたした数，後はかけた数になるんじゃない？

122

S (x + a)(x + b) = x^2 + bx + ax + ab = x^2 + (a + b)x + ab になる
からだよ。

S みんなで9マス計算をつくって，練習してみようよ。

④**再度，9マス計算を行う**

前回行った9マス計算の数字を変えたものを再度配り，同じ時間で9マス
計算を行う。

そして，正解した解答数で競う。一回目の9マス計算より正答数が格段に
増えた。

┌─ POINT ─────────────────────────────────┐
教師が，例題を使って乗法の公式を説明し，その後練習問題を解くよ
うな授業とは違い，自分たちで見つけた乗法の公式だから，積極的に使
ってみたくなる。使うとすぐに成果が上がるので，さらに使いたくなる。
そこで，すかさず教師が乗法の公式を使うことの意味づけをする。
└──────────────────────────────────────┘

⑤**整理する**

T 自分たちが見つけたことを「9マス計算攻略秘伝の書」としてまとめて
みてください。

┌─ POINT ─────────────────────────────────┐
生徒に，自分たちで見つけた乗法の公式を整理させる。机間巡視し，
まだ見つけていない乗法の公式を発見する糸口を与える。
└──────────────────────────────────────┘

〈引用・参考文献〉
・三橋和博（2016）『高校入試のつまずきを克服する！ 中学校数学科 アクティブ・ラーニング
型授業』明治図書

第3章 ペア・グループ学習を位置づけた対話型授業モデル　123

**3**年　式の展開と因数分解

# 多項式の乗法カードゲームをしよう

| 用いる技法 | テスト＝テイキング＝チーム |
|---|---|

## 1 問題

> 多項式の乗法カードゲームに勝とう！

準備物：台紙（１枚×グループ数），カード（30枚）×グループ数

台紙

| | | | | |
|---|---|---|---|---|
| | | | ＝ | |
| | | | ＝ | |
| | | | ＝ | |

カード

| $(x+1)$ | $(x+4)$ | $x^2+5x+4$ | $(x+3)$ |
|---|---|---|---|
| $(x-3)$ | $x^2-9$ | $(x+3)$ | $(x+2)$ |
| $x^2+5x+6$ | $(x-3)$ | $(x+2)$ | $x^2-x-6$ |

ルール：

① カードを５人グループのときは６枚ずつ，６人グループのときは５枚ずつ配る。

② １人ずつ順番にカードを台紙に置いていく。

③ $x^2+5x+4$などのカードは，$(x+1)$ や $(x+4)$ のカードが置かれた場合に限り，置くことができる。置くカードがない場合は，「パス」と言って次の人の順番になる。

④ 自分のカードがなくなったら，その人の勝ちになる。誰もがカードを置くことができなくなったら，手持ちのカードの少ない人が勝ちになる。

124

## 2 授業のねらい

○主体的な学び

　自分たちで提案したゲームだから，何とかしようという気持ちが主体的な学びにつながる。

○対話的な学び

　解決する方法に気づく生徒がいる。その生徒は，方法を言いたくて仕方がない。また，次にゲームが待っているから，そのコツを聞きたいという気持ちが対話を促す。

○深い学び

　このゲームの時点では，因数分解は習っていない。しかし，自分たちがゲームをクリアするために考えることは，後の因数分解の学習に役立ってくる。その思考過程が深い学びにつながる。


## 3 授業展開例

　テスト＝テイキング＝チームの手順は，次の通りである。

①ゲームで勝つために，グループで乗法の公式についての知識や技能を確認する。

②ゲームを行う。

③ゲームの最中に出てくる生徒の提案を取り上げ，ルールを変更する。変更したルールでしばらくゲームを続ける。

④新ルールでも勝つためには，どのようにすればよいかをグループで考える。

⑤新ルールでゲームを行う。


### ①ゲーム内容を把握する

　ゲーム内容を説明し，カードゲームに勝つためにはどうすればよいかグループで話し合わせる。

┌─ POINT ─────────────────────────────────
「間違ってカードを出すと減点する」などルールを工夫する。また，
個人としてではなく，チーム戦にすることが，乗法の公式の知識や技能
を再確認しようという意欲につながる。
└────────────────────────────────────────

### ②カードゲームを行う

T　では，今からカードゲームを行います。それではスタートです。

┌─ POINT ─────────────────────────────────
ゲームを進めていくと，カードが偏ることがある。$x^2 + 5x + 6$ や，
$x^2 - x - 6$ のようなカードばかりを持つ場合が出てくる。そんなとき，
生徒の中には先に置きたいと思う気持ちが出てくる。そんな生徒を見つ
け，次のような言葉を引き出す。
└────────────────────────────────────────

S　先生，先に $x^2 + 5x + 6$ のカードを置いたらダメなんですか？

T　それはいい案だね。ルールを変えてみますか？

S　いいんですか？

T　おもしろそうなので，それもいいことにします。

┌─ POINT ─────────────────────────────────
その発言をした生徒は，$x^2 + 5x + 6$ のカードを先に置くと，その横
には $(x + 2)$ か $(x + 3)$ しか置くことができないということを理解
して言っているわけではなかった。逆に難しくなるのであるが，自分た
ちで提案したルール改正だということを強調する。そのことで，難しく
ても何とかしようという気持ちになる。
└────────────────────────────────────────

T　今行っているゲームが終わったらルールを変更します。聞いてください。

T　皆さんがゲームをしているところを見ていると，$x^2 + 5x + 6$ のような
　　カードがなかなか置けずに途中で終了する場合がありました。そこで，
　　先に $x^2 + 5x + 6$ のようなカードを出してもよいというルールにします。

126

新ルールでゲームが始まると，その難しさに気づき出す。間違ったカードを出して減点するケースが増える。

③グループに戻って，新ルールで勝つための方法を考える

T　なんか，新ルールになって，カードの置き間違いをして「アー」とか「エー」とかいう声がよく聞こえるようになってきました。それでは，グループに戻って新ルールでも勝つ方法を探してみください。

**（グループでの話し合いの様子）**

S　間違えると減点されるから，間違わないのが勝つコツじゃない？

S　先に $x^2 + 5x + 6$ のようなカードを出されると，何を出したらいいのかわからなくなって間違ってしまったよ。どう考えたらいいの？

S　パターンをすべて覚えたらいいんじゃない？

S　先生，また同じカードでゲームをするんですか？

T　次のゲームは違うカードでやりますよ。

S　どんなカードが出てもできる方法を考えなくちゃ。

S　乗法の公式で「$(x + a)(x + b) = x^2 + (a + b)x + ab$」があったじゃない。だから，$x^2 + 5x + 6$ のカードが出たら，たすと＋5になって，かけると＋6になる数を探せばいいんじゃない？

S　$x^2 - 16$ みたいなカードは簡単。$x^2 - 4^2$ は $(x + 4)(x - 4)$ になる。

　この後，再度ゲームを行う。この時点では因数分解はまだ学習していないが，学習したときにはゲームでの考え方が生きるということに気づかせたい。その経験を引き出すためには，何らかの形でゲームを通して考えたことや，気づいたことを整理させておきたい。

　それから，自分たちが考えたルール変更が，新しいことに気づかせ，そのことが因数分解のときに役立ったことを実感させる工夫もしたい。

〈引用・参考文献〉
・三橋和博（2016）『高校入試のつまずきを克服する！ 中学校数学科 アクティブ・ラーニング型授業』明治図書

**3** 年 **式の展開と因数分解**

# 聖徳太子の伝説に挑戦しよう

| 用いる技法 | スリーステップ法　p.24 |
|---|---|

## 1 問題

> 聖徳太子の伝説に挑戦しよう！

## 2 授業のねらい

　教科書でも定番の「４つの数を正方形の枠で囲む。このとき，［右上の数×左下の数－左上の数×右下の数］を計算すると，いつも答えが同じになる。そのことを証明しなさい」という問題を扱う。

○主体的な学び

　今回の授業では，直接的に教師は問題を提示せず，聖徳太子の伝説に挑戦という活動の中から，生徒自身が課題を発見する。

　「どこの４つの数を正方形の枠で囲んでも，同じ数になる」と生徒が発見したことを，教師は「そんなことはないと思うよ」と否定する。教師を納得させようと，生徒は主体的に問題に取り組むのである。

○対話的な学び

　スリーステップ法は，同じ問題に対して人を変えながら何度も対話をする。対話を通して，多面的に問題に取り組むことができる。

○深い学び

　何度もくりかえし相手を変えながら対話することが，新しいことに気づく土台になる。そして，違う人と話し合うことにより，新しい問題点に気づきやすくなる。

## ③ 授業展開例

### 【1時間目】

#### ①生徒の興味・関心を喚起する

T　今日は，皆さんがどれだけ歴史について知識があるかどうかを，テストしたいと思います。

　生徒は数学の時間なのに，どうして歴史なんだろうと思いながらも，そこには何が始まるのか，わくわくした様子が伺える。

T　この絵の人物は誰でしょうか？（聖徳太子の肖像画を提示する）

S　聖徳太子。

T　そうですね。それでは，この人が行ったことにはどんなものがあるでしょうか？

S　遣隋使を派遣した。

S　17条の憲法をつくった。

T　さすが，中学3年生にもなると，よく知っていますね。それでは，聖徳太子に関する伝説を知っていますか？

S　10人の人が同時に言ってそれを聞き分けた。

T　そうですね。よく知っていますね。今日は，私が聖徳太子に挑戦したいと思います。数学の授業なので，数字を同時に言うようにしましょう。みんな一斉に数字を叫んでくださいね。全員が叫んだ数字をすべて当ててみます。

T　でも，皆さんは中学3年生なんで，ただ数字を叫ぶだけではおもしろくないので，今から配るカードを使ってやってみましょう。

| 1 | 2 | 3 | 4 | 5 | 6 | 7 | 8 | 9 | 10 |
|---|---|---|---|---|---|---|---|---|----|
| 11 | 12 | 13 | 14 | 15 | 16 | 17 | 18 | 19 | 20 |
| 21 | 22 | 23 | 24 | 25 | 26 | 27 | 28 | 29 | 30 |
| 31 | 32 | 33 | 34 | 35 | 36 | 37 | 38 | 39 | 40 |
| 41 | 42 | 43 | 44 | 45 | 46 | 47 | 48 | 49 | 50 |

生徒に配付したカード

T　どこでもいいので，4つの数字を正方形で囲んでみましょう。できましたか？　次に囲んだ4つの数字の右上の数と左下の数をかけ算します。

第3章　ペア・グループ学習を位置づけた対話型授業モデル　129

T 左上の数と右下の数もかけ算しましょう。それをひき算してみましょう。できましたか？　一斉に数字を叫んでくださいね。全員が叫んだ数字をすべて当ててみせますから。

S 10！

S え～（生徒たちはお互いの顔を見合わす）。

T 違う数字を言ってくれないと，聖徳太子に挑戦にはなりませんよ。それでは，もう一度やってみましょう。

T さっきは，全員同じカードを使ったから，同じ数字になったのかもしれませんね。それでは，全員に違うカードを配ります（違うカードは，左上の数を変えているだけで，後は同じような配列になっている）。

| 1 | 2 | 3 | 4 | 5 | 6 | 7 |
|---|---|---|---|---|---|---|
| 8 | 9 | 10 | 11 | 12 | 13 | 14 |
| 15 | 16 | 17 | 18 | 19 | 20 | 21 |
| 22 | 23 | 24 | 25 | 26 | 27 | 28 |
| 29 | 30 | 31 | 32 | 33 | 34 | 35 |

| 2 | 3 | 4 | 5 | 6 | 7 | 8 |
|---|---|---|---|---|---|---|
| 9 | 10 | 11 | 12 | 13 | 14 | 15 |
| 16 | 17 | 18 | 19 | 20 | 21 | 22 |
| 23 | 24 | 25 | 26 | 27 | 28 | 29 |
| 30 | 31 | 32 | 33 | 34 | 35 | 36 |

**全員に配付した違うカードの例**

T 今度は全員違うカードを使っているんで，違う数字になりますね。さっきと同じように４つの数字を正方形で囲んで，右上の数×左下の数－左上の数×右下の数を計算してみましょう。

T 計算できましたか？　それではいきますよ。一斉に叫んでくださいね。

S 7！

S え～。また。

生徒たちは，また顔を見合わす。

T だから，同じ数を選んだら，聖徳太子に挑戦になりませんよ。

S 先生，周りの人と確認したら，違う数字を選んでいます。どこを選んでも同じ数字になるようになっているんじゃないですか？

T そんなことはないと思いますよ。今言ってくれたように，どこを選んでも同じ数字になると思う人は，手を挙げてください。

全員の生徒が手を挙げる。

## ②問題を把握する

**T** 先生は，そう思わないんだけど。本当にそうだったら，どこを選んでも同じ数字になることを証明してください。

---
**POINT**

　導入が長いと感じるかもしれないが，自分たちで問題を発見した気持ちにすることで，問題に主体的に取り組む意欲をはぐくむ。また，具体的な数字で問題に数度取り組ませることで，問題への理解を深める。

---

## ③スリーステップ法を行う

**T** それでは，スリーステップ法で考えてみましょう。

　教師は黒板に「ステップ1」と書かれたカードを貼る。そうすると，生徒は，隣の生徒と机を合わせてペア学習に入る。教師は机間巡視しながら活動の様子を観察する。

　時間がきたら，黒板に「ステップ2」と書かれたカードを貼る。生徒は，前後の生徒とのペア学習に入る。

　また時間がきたら，黒板に「ステップ3」と書かれたカードを貼る。生徒はグループをつくり，ホワイトボードに説明を書いていく。終了のタイマーが鳴ると，ホワイトボードを黒板に貼りにくる。

---
**POINT**

　スリーステップ法が浸透すると，黒板に「ステップ1」〜「ステップ3」のカードを貼るだけで，生徒は隣や前後と机を合わせて活動を始められるようになる。

---

**T** それでは，各グループで発表してもらいます。

**S** 左上の数字を $n$ とすると，4つの数字は $n$，$n+1$，$n+10$，$n+11$と表せる。$(n+1)(n+10) - n(n+11) = (n^2+11n+10) - (n^2+11n) = n^2+11n+10 - n^2-11n = 10$だから，どこを計算しても答えは10になる。

第3章　ペア・グループ学習を位置づけた対話型授業モデル　131

T　確かに納得しました。皆さんの言う通りです。すべてのグループが見事
　　に納得する説明になっていました。全員の頑張りに拍手しましょう。

T　ところで，私には，もう一つ疑問な点があります。全員に違うカードを
　　配ったのに，同じ数字の7になったのはどうしてですか？

S　わかった！

T　何がわかったのですか？

S　先生，最初のカードは10列だから数字が10になって，次のカードは全員
　　違うカードだけど同じ7列だから数字が7になるんですよ。

　　生徒の中に笑いが起こる。

T　どうして，笑うの？

S　だって，そんな単純な問題ではないと思う。

S　でも，実際そうなっているよ。

S　それに，理由になっていないよ。

T　それでは，今答えてくれた内容も踏まえて，次の時間は全員違うカード
　　なのに計算したら同じ数字7になったことについて考えてみましょう。

---
**POINT**

　生徒から出てきた新たな気づきについて考える時間を，しっかり取る
ために，問題を提示したまま授業を終える。このことにより，休み時間
なども学びの時間になる。また，教師も支援をしやすくなる。

　10列だから10と答えた生徒だけでなく，同じグループの生徒にも休み
時間などを使って声をかけることができた。

---

## 【2時間目】
### ④問題を把握する

　教師が，前時のふりかえりを行った後，今日の問題を提示する。

T　全員違うカードを基に計算したのに，計算結果は同じ数字の7になった
　　のはなぜですか？　では，スリーステップ法でやってみましょう。

多くのグループは，それぞれが持っているカードを比較して考えた。そして，カードは違うけど縦の関係は同じであることに気づき，それを基に発表内容を考えていた。

| 1 | 2 | 3 | 4 | 5 | 6 | 7 |
|---|---|---|---|---|---|---|
| 8 | 9 | 10 | 11 | 12 | 13 | 14 |
| 15 | 16 | 17 | 18 | 19 | 20 | 21 |

$+7$
$+7$

| 2 | 3 | 4 | 5 | 6 | 7 | 8 |
|---|---|---|---|---|---|---|
| 9 | 10 | 11 | 12 | 13 | 14 | 15 |
| 16 | 17 | 18 | 19 | 20 | 21 | 22 |

$+7$
$+7$

前の授業で，10列だから10，7列だから7と答えた生徒のグループは，その生徒の考えで説明できないかということで取り組んだ。最初は，具体的な数字で8列の場合，9列の場合というようにである。そのうち，$a$列で考えてみようとする。それが下の解き方である。

— $a$列 —

| $n$ | $n+1$ | $n+2$ | $n+3$ | $n+4$ | … | $n+(a-1)$ |
|---|---|---|---|---|---|---|
| $n+a$ | $n+a+1$ | $n+a+2$ | $n+a+3$ | $n+a+4$ | … | $n+a+(a-1)$ |
| $n+2a$ | $n+2a+1$ | $n+2a+2$ | $n+2a+3$ | $n+2a+4$ | … | $n+2a+(a-1)$ |

$(n+1)(n+a) - n(n+a+1) = n^2 + (a+1)n + a - (n^2 + an + n) = n^2 + an + n + a - n^2 - an - n = a$

**T** それでは，それぞれのグループから発表してもらいましょう。

　各グループの発表が続く中，最後に$a$列で考えたグループが発表した。このグループが発表した後，生徒たちから「オ〜」という声が上がった。

**S** だから，僕が言った通りだったでしょ。

┌ **POINT** ─────────────────────────────
　生徒が数学を好きになったり，数学に対して自信をもったりするような演出を工夫する。
└─────────────────────────────────────

　10列だから10，7列だから7と答えた生徒は，クラスの中でも数学の苦手な生徒の一人だった。その生徒の答えだから，笑いが起こったのではないかと思う。そのままであったら，ますます数学が嫌いになったに違いない。グループの仲間に助けられながら，自分の気づきの正しさを証明できたことが，この生徒の自信になった。この後の数学授業では，この生徒は「ひらめきの〇〇君」としてクラスで認められるようになった。

第3章　ペア・グループ学習を位置づけた対話型授業モデル　133

**3**年　式の展開と因数分解

# 素数ゲームをしよう

| 用いる技法 | テスト＝テイキング＝チーム |
|---|---|

## 1　問題

> 　グループになって，時計回りに数を2つずつ言っていこう。ただし，素数は「ソスウ」と言う。だから，「1，2」「3，4」「5，6」「7，8」「9，10」「11，12」…と言うのではなく，「1，ソスウ」「ソスウ，4」「ソスウ，6」「ソスウ，8」「9，10」「ソスウ，12」…と言っていく。
>
> 　手を使って全員でリズムをとる。リズムは4拍子で，1拍目2拍目は手拍子をたたき，3拍目は左手を，4拍目は右手を握る。

ルール：

①じゃんけんで親を決める。

②親のかけ声でゲームが始まる。最初の数は親が決める。

　「（　）♪から♪はじ♪まる♪リズ♪ムに♪あわ♪せて♪パン（手拍子）♪パン♪（　）♪（　）♪」「パン♪パン♪（　）♪（　）♪」「パン♪パン♪（　）♪（　）♪」…

　（例）親「3♪から♪はじ♪まる♪リズ♪ムに♪あわ♪せて♪パン♪パン♪ソスウ♪4♪」次の人「パン♪パン♪ソスウ♪6♪」その次の人「パン♪パン♪ソスウ♪8♪」またその次の人「パン♪パン♪9♪10♪」…

③間違ったり，リズムにのれなかったりしたら負けになる。負けなかった人が得点を得ることができる。負けた人だけが得点がない。

④次は負けた人が親になり，ゲームを始める。

## 2 授業のねらい

○主体的な学び

　グループで競い合うことが主体的な学びを促す。

○対話的な学び

　グループで競い合うので教え合いが生まれる。素数について理解できていない生徒に教えようとすることで，素数についてより理解しようとする。

○深い学び

　グループでの教え合いの段階で理解できていない生徒がいる。よりわかりやすく説明するために工夫することが，深い学びにつながる。


## 3 授業展開例

　このゲームは，「みのりかリズム」というリズムゲームをアレンジしたものである。「みのりかリズム」は，ＴＢＳ系バラエティ番組「学校へ行こう！」で紹介され，人気になった。

　「ソスウ」がリズムにのって言いにくい場合は，「ソス」「スウ」のように「ソスウ」を２文字の言葉に変えると，言いやすい。

　テスト＝テイキング＝チームの手順は，次の通りである。

①素数ゲームを行うために，グループで素数についての知識を確認する。グループでゲームをくりかえし練習することで，知識の定着を図る。

②グループから１人ずつ出て，ゲームをするためのグループをつくる。

③素数ゲームを行う。ゲームの最中に出てくる生徒の提案を取り上げ，途中で中断してもとのグループでゲームの状況を伝え合う。知識を確認し合ったり，グループで練習し合ったりする。

④再度，素数ゲームを行う。

## ①ゲーム内容を把握する

　ゲーム内容を説明し，素数ゲームで勝つためにはどうすればよいかグループで話し合わせる。

## （グループでの話し合いの様子）

S　ルール理解できた？　グループで練習してみようよ。

　グループで練習をする。

S　まだ，素数がよくわかってないから，間違ってしまう。

S　紙に書き出してみようよ。

　50までの数を書き出して，素数に○をつけていくという作業が始まりかけた。

T　教科書に「エラトステネスのふるい」っていうのがあるよ。

┌─ **POINT** ──────────────────────
　「エストステネスのふるい」を通して，素数についての知識を深めさせる。
└────────────────────────────────

S　これから考えたら，2，3，5，7は素数で，これ以外の2，3，5，7の倍数は素数にはならないね。

S　これを参考にして，自分なりに素数をまとめてみない？　そのまとめたものを見ながら最初はゲームの練習をしてみようよ。

　グループで教え合いながら，自分にわかりやすく素数をまとめていった。最初はその紙を見ながら，素数ゲームの練習を始めた。そして，紙を見ずにゲームができるようになっていった。

┌─ **POINT** ──────────────────────
　個人としてではなく，チーム戦にすることが，素数を覚えようとする意欲につながる。
└────────────────────────────────

## ②素数ゲームを行う

T　それでは，今から素数ゲームを行います。

それぞれのグループで素数ゲームが始まった。楽しいゲームなので生徒の
ほとんどはゲームにのめり込んでいく。

---
**┌ POINT ─────────────────**

　各グループの観察をしっかりする。楽しくゲームをする中で，まだ素
数が理解できずに困っている生徒がいる場合は様子を見て早めにゲーム
を中断する。

---

### ③グループに戻って，再度素数ゲームの練習をする

**T**　ここで，ゲームを一回中断します。一度もとのグループに戻って，勝つ
　　方法を考えてみてください。

　グループで今の成績を報告し合い，また始まるゲームのために練習を始め
る。

---
**┌ POINT ─────────────────**

　ゲームの様子を見ていて，生徒がどこでつまずいているかを記録用紙
にメモをしておく。このグループ学習のときに指導に当たる。
　理解に時間がかかりそうな生徒がいる場合には，次の時間の最初に素
数ゲームを行うことにし，授業後に指導するなど配慮する。そのときに
は「素数ゼミ」などの素数に関する知識を紹介し，生徒の興味・関心を
喚起する。

---

　素数ゲームは楽しいゲームなので，授業後の休み時間や昼休みにも数人が
集まって行っている様子が見られた。

〈引用・参考文献〉
・三橋和博（2016）『高校入試のつまずきを克服する！ 中学校数学科 アクティブ・ラーニング
　型授業』明治図書

**3**年 二次方程式

# 二次方程式の解の公式を見つけよう

| 用いる技法 | 知の総合化ノート　p.42 |
|---|---|

## 1 問題

二次方程式の解の公式を見つけよう。

　二次方程式の解の公式を自分たちで見つけさせることにより，理解を深める。

## 2 授業のねらい

○主体的な学び

　授業後の自己内対話の中から出てきた疑問が，次の授業の課題となっていく。自分たちの中から出てきた疑問だから，主体的に取り組める。また，式変形や操作は難しくても何をやればよいか，見通しを立てて取り組むことができる。

○対話的な学び

　自分たちが見つけた問題を自分たちで解決していくので，グループ内での対話が促進される。また，授業後の自己内対話も重要なポイントである。

○深い学び

　解の公式が導かれる過程を，丁寧に一段一段登っていくことになる。このようにプロセスを意識することは，深い学びにつながる。

138

## ③ 授業展開例

### ①自己内対話をする

　その日，学習した問題は，次のようなものであった。

$$x^2 - 4x - 3 = 0 \qquad x^2 + 8x + 14 = 0 \qquad x^2 + 2x - 5 = 0$$

　その日の授業後の「学びのカード」に，ある生徒が次のような疑問を書いてきた。

> 今日の問題は，$x$ の係数が偶数ばかりだった。もし，$x$ の係数が奇数だったらどうなるんだろう。

### ②問題を把握する

　この生徒の疑問に教師が答えるのではなく，次の時間に学級全体に問題として提示した。

- T　今日は，みんなの中の一人が書いた前の時間の「学びのカード」からの疑問について考えてほしいと思います。
- T　前の時間の二次方程式は，$x$ の前がすべて偶数でしたね。もし，奇数だったらどうなるか考えてほしいと思います。

### ③個人で考える

　生徒は，自分で問題を作成し，解いてみた。

┌─ **POINT** ─────────────────────────
　自分で問題を作成できない生徒には，教師が問題を提示する。
└──────────────────────────────────

### ④集団で考える

　グループで持ち寄って，それぞれの解法を比較して共通点や相違点を話し合った。

第3章　ペア・グループ学習を位置づけた対話型授業モデル　139

⑤**学級の全体で発表する**

　各グループごとにホワイトボードにまとめ，$x$ の係数が奇数の場合の解き方について発表した。

⑥**自己内対話をする**

　その授業の後の「学びのカード」には，新たな疑問が書かれていた。

---

○ $x^2$ の係数が１の場合だけの問題を解いてきたけど，$x^2$ の係数が１でない二次方程式はどうなるんだろう。

○ $x$ の係数が偶数でも奇数でもある $x^2 + px + q = 0$ の場合はどうなるんだろう。

---

⑦**新たな追究する問題を把握する**

　上記の生徒の中から出てきた２つの問題のうち，どちらを追究するかを選択させ，取り組ませた。

T　今日も，みんなの中の「学びのカード」に２つの疑問がありました。そこでこの２つの疑問について，グループで選択して考えてほしいと思います。それでグループごとに発表してください。

⑧**追究する問題について考えたことをグループごとに発表する**

T　「$x^2 + px + q = 0$ の場合はどうなるか？」について考えてくれたグループの発表をお願いします。

S　（$x^2 + px + q = 0$ を解いた過程を説明した）

S　$x^2 + px + q = 0$ を解くと，$x = \dfrac{-p \pm \sqrt{p^2 - 4q}}{2}$ になりました。例えば，前の時間に解いた $x^2 + 7x + 5 = 0$ の方程式の解を求める場合は，$p = 7$，$q = 5$ を代入すれば，解を簡単に求めることができます。

　実際に，代入して解を導き出し，前の時間に導き出した解と一致していることを確認して，自分たちが見つけ出した公式が便利であることを他の生徒に伝えた。

しかし，$x^2$の前の係数が１でない場合を追究していたグループから反論が出てきた。

S　$2x^2 + 7x + 1 = 0$のような問題は，どうしたらいいの？

S　（グループで相談した後）$x^2$の係数が１の場合は，私たちが考えた方法で解いて，$x^2$の係数が１以外の場合は違った方法で解いたらいいと思います。

S　違う方法って，どんな方法で解いたらいいのですか？

S　（そのグループは答えられなくなった）

T　$x^2$の係数が１以外の場合にどうするかで困っているようですね。それでは，$x^2$の係数が１以外の場合について考えたグループに発表してもらおうと思います。

S　（$x^2$の係数で，式全体をわると解くことができることを説明した）

S　（$x^2 + px + q = 0$の解き方を発表したグループから）今発表したグループのように，最初に$x^2$の係数で式全体をわったら，$x^2 + px + q = 0$の形になります。そうすると，さっき説明した解き方が使えると思います。

S　でも，$2x^2 + 7x + 1 = 0$のような問題だったら，$x^2 + \dfrac{7}{2}x + \dfrac{1}{2} = 0$になって，やっぱり計算しにくくなるよ。

S　それじゃあ，$ax^2 + px + q = 0$で解き方を考えてみたらいいんじゃない？

T　それでは，$ax^2 + px + q = 0$の文字を整理して，$ax^2 + bx + c = 0$で解き方を考えてみますか。それでは，グループで考えてみましょう。

---

**┌ POINT ─────────────────**

$x^2 + px + q = 0$の解き方を提案したグループは，その解き方にこだわっていた。それは否定せずに，その解き方からも解の公式につながることを机間巡視で助言するなど，生徒の探究心を生かしていきたい。

---

第3章　ペア・グループ学習を位置づけた対話型授業モデル　141

**3**年　二次方程式

# 全部で何試合？

| 用いる技法 | エキスパート・ペア・シェア　p.31 |

## 1　問題

(1)　中学校のサッカー部は，日曜日に8チームを呼んで，総当たり戦を
したいと思っています。
　　もし，そうなると総試合数は何試合になりますか。
(2)　夏休みに，総試合数190試合の大会を計画しようと考えました。
　　何チームでの試合になりますか。

## 2　授業のねらい

○主体的な学び

　同じ考えをもつ生徒をグループにして，説明を考えさせる。そのことによ
り，自分の考えに自信をもたせる。また，次にペア学習があることを知らせ
ておくことで，説明の練習にも主体的に取り組む。

○対話的な学び

　ペア学習だから，必ず説明する機会が与えられる。どちらの考えがよいか
というのではなく，お互いの考えの共通点は何か，違う点は何か考えたり，
関連づけたりさせることにより，新しい考えが創造される。

○深い学び

　ペアで話し合ったことを学級全体で共有する。同じグループからの組合せ
でも，違った発表になることもある。それが生徒の興味を喚起し，深い学び
につながっていく。

## 3 授業展開例

### ①生徒の興味・関心を喚起する

**T** いよいよ，W杯が始まりましたね。日本は，グループHです。どこの国と対戦するか知っていますか？

**S** コロンビア，セネガル，ポーランドです。

**T** グループHは，全部で何試合になりますか？　考えてみてください。

**- POINT -**
　機間巡視して，個人でどのような解き方をしているか簡単にでもよいので記録した。次の問題の解き方の予測につながる。

**S** 6試合になります。

**T** それはどうしてですか？　説明してください。
　生徒は，右のような板書をして説明をする。

> 日ーコ，日ーセ，日ーポ
> コーセ，コーポ，セーポ
> 　　　　　　　　6試合

**- POINT -**
　樹形図を使ったり，表を使ったり，公式を使ったりしている生徒もいるが，ここではあえて，すべてかきだしている生徒を選んだ。

### ②問題を把握する

**T** そうですね。6試合になりますね。それでは，中学校のサッカー部も，日曜日に8チームを呼んで，総当たり戦をしたいと考えています。全部で何試合になるでしょうか？　考えてみてください。

### ③個人で問題に取り組む

**- POINT -**
　すべての組合せをかきだす生徒を次のエキスパート活動で，どのグループに入れるかを考えながら機間巡視して確認しておく。

**T** では，今自分が解いた解き方をグループをつくって説明してもらいます。

第3章　ペア・グループ学習を位置づけた対話型授業モデル　143

T　グループをスクリーンに映すので,席を移動してください。

#### ④エキスパート活動に取り組む

　エキスパート活動のグループは,「表をつくって解いた」「樹形図をつくって解いた」「公式を使って解いた」の3つに分けた。

---
**POINT**

　エキスパート活動に入るとき,グループの構成が重要になってくる。すべての組合せを単純にかきだしている生徒は,表で解いている生徒や樹形図で解いている生徒と組ませた。

　グループの発表は,席の位置と組合せを個人思考の段階でパソコンで作成し,スクリーンに映し出して発表すると,時間短縮になる。

---

　それぞれのグループの考え方が,次のようなものである。

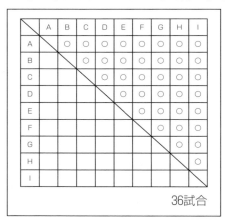

36試合

D,E,F,G,Hについても同じように続く。

36試合

---

$\dfrac{n^2-n}{2}$ になるから,$n=9$ を代入して $\dfrac{81-9}{2}=\dfrac{72}{2}=36$　　　36試合

---

#### ⑤ペア学習に取り組む

　ペアは,「公式で解いたと表で解いた」「公式で解いたと樹形図で解いた」「表で解いたと樹形図で解いた」で組ませた。ここでおもしろいのは,同じ

組合せでもそこで生まれてくる解答が違うことである。

---
**POINT**

　ここで一番重要なのは，ペアの組合せである。特に，公式を使って解いたグループに着目した。エキスパート活動のときに話を聞いてみると，公式を塾で教わり，使い方を学んだだけであった。そこで，その公式で求めることができるのか自ら気づかせるようにペアを組んだ。

　また，個人思考の段階で，すべてをかきだしていた生徒については，知識の定着を図るため，表で解いたグループに属していた生徒と樹形図で解いたグループに属していた生徒を組ませた。

---

## ⑥シェア活動に取り組む

**T**　それでは，各ペアで話し合ったことを学級全体の前で発表してください。

**S**　私たちは，表から考えてみました。$n$チームで対戦したとすると，表のマスは$n \times n = n^2$，A－A，B－Bはないので，$n^2 - n$になる。表から右上半分になるから，2でわると$\dfrac{n^2 - n}{2}$，そして，因数分解をすると公式になります。この問題の場合，9試合だから，$\dfrac{9 \times (9 - 1)}{2}$になり，36試合になります。

**S**　それと，チーム数から総試合数を計算したんですが，逆に総試合数からチーム数も計算できるのではないかと話し合いました。

## ⑦新たな問題に取り組む

**T**　今発表してくれたペアから，新しい提案がありましたね。そこで，次のような問題を考えてみましょう。

---

　夏休みに，総試合数190試合の大会を計画しようと考えました。
　何チームでの試合になりますか。

---

第3章　ペア・グループ学習を位置づけた対話型授業モデル　145

**3**年　関数 $y = ax^2$

# 先生の夢を叶えてあげよう

| 用いる技法 | 3 Q S　p.59 |
| --- | --- |

## 1　問題

> アルプスの少女ハイジのオープニングのブランコをつくってみよう。

準備物：
糸，ストップウォッチ，おもり，定規，分度器，振り子，グラフ用紙

## 2　授業のねらい

○主体的な学び

　振り子の実験で，振り子の周期とひもの長さが関数関係にあることを理解した。また，グラフを活用することによって問題を解決した。関数 $y = ax^2$ を学ぶことによって，曲線が放物線ではないか，$y = ax^2$ の関係にあるのではないかと気づく。

　そして，$y = ax^2$ を活用して問題を解決することができるのではないかと見通しを立てることができる。

○対話的な学び

　3 Q S のフレームワークを活用し，ブレーンストーミング的に意見を出す。

○深い学び

　3 Q S には「学んだことからさらに考えてみよう」という質問があるため，生徒は答えが出たから終わりではなく，学んだことをふりかえり，さらに発展させようと考える。

146

## ③ 授業展開例

### ①問題を把握する

T 今日は，皆さんにお願いがあります。先生の夢の一つを叶えてほしいと思います。まずは，この映像を見てください。

　生徒にアルプスの少女ハイジのオープニング映像を見せる。

T 先生は小さい頃，この映像を見たとき，一回でいいから，このブランコに乗ってみたいと思いました。今日の皆さんへのお願いは，先生もあのブランコに乗ってみたい。

T 先生の夢を叶えてもらえませんか？

S ブランコをつくれっていうことですか。

T みんなにつくり方を教えてほしいということです。とりあえず，ブランコのロープの長さを教えてほしいということです。

T それでは，今日も３QSを使って考えてみましょう。

### ②３QSを活用する

　生徒は，個人で振り子について知っていることや関係がありそうな数量を青い付箋紙に書き，調査方法を赤い付箋紙に書く。

　そして，個人で書き終わったら３QSのフレームワークに貼っていく。

### ③グループで話し合う

S まず，周期が何秒になるか，測ってみようよ。

　生徒はアルプスの少女ハイジの映像を見ながら，ストップウォッチで時間を測る。

S 8秒になったよ。でも，2秒の周期で1mだから，これ以上の周期だったら振り子の糸が長すぎて実験では求められないよ。

S じゃあ，グラフを伸ばしてみようよ。

　生徒の一人が，グラフから曲線を伸ばしていく。

S 曲線を伸ばしてみたけど，これで大丈夫？

S いいか，悪いか，よくわからないね。

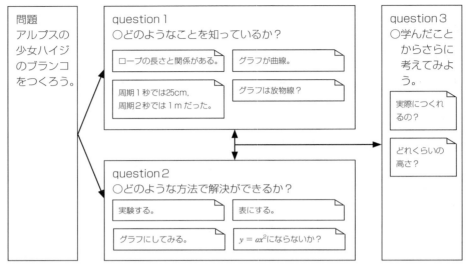

- S この曲線って、習った放物線じゃない？
- S じゃあ、1秒の周期で0.25m、2秒の周期で1mだから、$x=1$のとき$y=0.25$、$x=2$のとき$y=1$を$y=ax^2$に代入してみようよ。
- S $a=\dfrac{1}{4}$になったよ。
- S $y=\dfrac{1}{4}x^2$に、$x=8$を代入してみようよ。$y=16$になるから、ブランコのロープの長さは16mだよ。

- POINT
ロープの長さが16mと結論が出ても、それで終わりと言えない。他のグループの人が納得してくれるか考えることでさらに学びが深まっていく。

- S 他のグループに説明するとき、グラフからだけで$y$は$x$の2乗に比例するって言っていいかな？
- S だったら、表からも考えてみようよ。

S　$x$の値が1.4倍になったら$y$の値は2倍，1.7倍になったら3倍，2倍になったら4倍になっているよ。これって，$x$の値が$n$倍になったら$y$の値がほぼ$n^2$倍になっているよ。だから，$y$は$x^2$に比例しているって言えるんじゃない？

S　そうだ。これで他のグループも納得してくれるよ。

---

**POINT**

　この問題は，ブランコをつくってみようとしている。だから，ロープの長さが16mとわかっても，さらに16mのロープを張る支柱の高さがどれくらいだろうと，生徒の興味は広がっていく。また，3QSのフレームワークには，「学んだことからさらに考えてみよう」という質問がある。そのことによって，解答から何がさらに言えるか探究することになる。

---

S　ところで，この問題ってブランコをつくってみようだよ。16mの高さって，どれくらいだろうね。

　このグループは，発表のスライド資料の一枚に校舎を支柱にして，そこからロープがつながれたブランコに乗っている筆者の絵を描いた。

#### ④生徒の探究心を，他の単元につなげる

　「学んだことからさらに考えてみよう」が他の単元「相似な図形の利用」の学習につながった例を紹介する。

　中庭に，長いすを並べて授業を行った。

T　今日は，久しぶりの青空教室ですね。まずは，この絵を見てください。

T　この絵は$y = ax^2$の単元で，「アルプスの少女ハイジのブランコをつくろう」の学習をしたときに，作成してくれたものです。このとき，この校舎の高さが約16mであると説明してくれました。

T　今日は，本当に校舎の高さが16mであるかを調べてほしいと思います。

S　どうやって調べたらいいんだろう？

　校舎の高さを調べるというよくある問題であるが，生徒の中から出てきた問題だと探究心が高まる。

第3章　ペア・グループ学習を位置づけた対話型授業モデル　149

**3**年　関数 $y = ax^2$

# あぶない！　運転中に携帯電話はダメ！

| 用いる技法 | BSI法　p.49 |
|---|---|

## 1　問題

　　ある日曜日，学くんとお兄さんの数さんは，遊園地に行くことになりました。

　　学くんたちを乗せた車は，100km/h で高速道路を走っています。

　　携帯電話の着信を気にしながら運転しているお兄さんを見て，学くんは次のように言いました。

学　よそ見しているとあぶないよ。

数　そんなことはないよ。50m も離れているんだから，前の車が止まってからブレーキを踏んでも十分止まれるよ。

学　（それって本当かな？）

　　お兄さんの言葉を疑問に思った学くんは，次の日さっそく，下のような資料を手に入れました。

【自動車速度・制動距離表】

| 速度<br>(km/ 時) | 5 | 10 | 15 | 20 | 25 | 30 | 35 | 40 | 45 | 50 |
|---|---|---|---|---|---|---|---|---|---|---|
| 制動距離<br>(m) | 0.14 | 0.56 | 1.27 | 2.25 | 3.52 | 5.06 | 6.89 | 9.00 | 11.39 | 14.06 |

※自動車のブレーキが効き始めてから停止するまでの距離を，制動距離と言います。

　　その資料からわかったことをお兄さんに伝えようと思いました。

　　あなたが学くんなら，何をどのように説明しますか。

150

## 2 授業のねらい

○主体的な学び

　生徒が主体的に問題場面の資料をグラフに表したり，表の関係を調べたりすることによって，２乗に比例している関係に気づくことが問題の解決につながる。

○対話的な学び

　関数 $y = ax^2$ とみなすことによって表や式やグラフを用いて，その車間距離が危険であるかないかを判断し，説明し合う。

○深い学び

　対話的な学びを通して，関数 $y = ax^2$ についての理解を深めるだけでなく，数学を活用して考えることの楽しさ，数学的な表現のよさ，数学の有用性を実感することができる。


## 3 授業展開例

①問題を把握する

Ｔ　前時の課題を一緒に確認しましょう。

②ＢＳＩ法を行う

Ｔ　それでは，ＢＳＩ法でプレゼンテーションを行いましょう。前半プレゼンテーションを行う人は，準備してください。後半の部の人は，移動してください。

　生徒たちは説明グループと聞き手グループに分かれる。聞き手は，あちらこちらと移動しながら，できるだけたくさんのプレゼンテーションを聞いて疑問点を質問し，自分の意見も述べる。

　納得したら付箋紙を貼っていく。生徒は15分程度で説明グループと聞き手グループが交代する。

　ここで，一つのグループのプレゼンテーションの様子を紹介しよう。

そのプレゼンテーションの資料には，グラフがかかれており，データに与えられていない時速50km を超える予測の部分にも的確に放物線がかかれていた。$x = 100$の場合の$y$の位置もきちんと示されていた。

S　速度と制動距離との関係は，$y = ax^2$で表されるので，$a$を求めるために$x = 5$，$y = 0.14$を代入してみました。$0.14 = 25a$になります。そうすると，$a = 0.0056$になります。

S　その他にも，$x = 10$，$y = 0.56$でも同じように解いてみました。そうすると，$a = 0.0056$になりました。$x = 20$，$x = 30$，$x = 40$，$x = 50$を代入しても，$a$の値はほぼ$0.0056$になりました。

S　そこで，$a = 0.0056$として，$y = 0.0056x^2$としました。$x = 100$を代入すると，$y = 56$になりました。その結果から，車間距離が50m では危険と私たちは結論づけました。

S　質問があるんですが，なぜ速度と制動距離との関係は$y = ax^2$になるとわかるんですか？

---
**POINT**

　このように，説明を求められて立ち往生したペアもあった。しかし，BSI法では，生徒たちは幾度となくプレゼンテーションを行う。しまった，うまくいかなかったという思いのまま帰宅させるのではなく，ここでの失敗は時間内に挽回できる。

　だから，あえて失敗させることもできる。失敗そのものも貴重な体験になっていくのである。

---

別のグループのプレゼンテーションの様子を紹介する。

その資料には，直線のグラフと放物線のグラフがかかれていた。比例定数が0.0056と小さいため，点を打っていくと，はじめのうちは直線に見える。それで，正比例と思い直線のグラフをかいた。

しかし，時速50km では約14mになっていないことに気づく。途中で誤りに気づき放物線もかいた。間違っていた正比例のグラフを消すのかと思うと，

このグループは，試行錯誤の過程も説明に活かそうと考えて資料に残したのである。

S　はじめは正比例だと考えて，このようなグラフをかきました。しかし，$x=50$のとき，$y=14.06$になっていないことに気づき，座標をとっていきました。そこで，放物線になっているのではないかと思い，差をとってみました。そうすると，$x$が2倍，3倍になっていくと，$y$は約$2^2$倍，$3^2$倍になっていることがわかりました。

S　$x$が10倍になると$y$は$10^2$倍になります。$x=10$のときの$y$の値が0.56なので，$x=100$のときは$0.56×10^2$になり，$y=56$になると考えました。

S　正比例のグラフと比べてみてください。車はスピードが出れば出るほど，止まるのに距離が必要になることがわかります。だから，スピードを出せば出すほど，注意も2乗倍しなければいけないと思いました。

　最初はいかにも自信がなさそうなペアもいたが，1回，2回と回数が進むにつれ，声も大きくなってきた。生徒同士でつっこみやアドバイスが入り，それも要領よく取り込みながら，4回，5回目になると，説明もスムーズになってきた。

　前半に聞いた友だちの説明も，自分たちのプレゼンテーションの参考にすることができる。生徒同士が育て合うことに意義がある。

　さっきの友だちはこれで納得したけど，次の友だちはなんか不満そうだった。それって，その人の数学の知識の問題かなあ？　だったら，グラフの方が通じるのかなあ…。

　このように伝える相手のことを捉え，相手に伝わりやすく考えられるのもＢＳＩ法の特徴である。

〈引用・参考文献〉
・渡辺研（2010）「教科書から始める授業」『教育ジャーナル2010年3月号』学研

# 3年　図形の相似

## 先生，テニスのサーブの打点は？

| 用いる技法 | ＡＤＭ法　p.35 |

### 1　問題

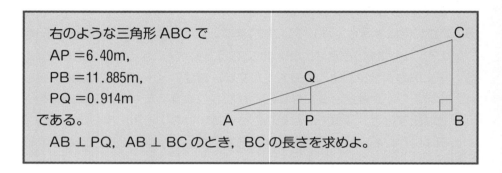

右のような三角形 ABC で
AP ＝6.40m,
PB ＝11.885m,
PQ ＝0.914m
である。
AB ⊥ PQ，AB ⊥ BC のとき，BC の長さを求めよ。

### 2　授業のねらい

○主体的な学び
　思ってもいないところに，相似な図形の性質が利用できることに気づくことができたことが主体的な学びを促す。
○対話的な学び
　解法にはいくつかの方法があり，どの方法がわかりやすいかを検討することが，対話的な学びにつながる。
○深い学び
　問題を解決した後，現実的な問題として捉え直したり，新たな問題に挑戦したりすることが，深い学びにつながる。

## 3 授業展開例

本授業では，次のような問題解決を経て目的地を目指す。
①現実の問題を生徒とともに数学の問題にする段階
②数学の問題をグループで解決する段階
③解決した結果を深める段階

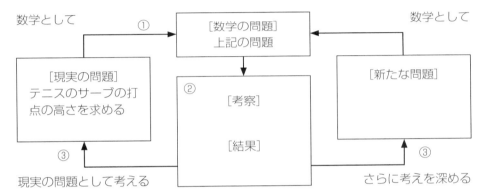

### ①現実の問題を数学の問題に変える

T 今日は，実際のこの記事を基に考えてもらいたいと思います。
　下の記事を生徒たちに見せる。

> ○○選手が，初戦を圧勝！
> 課題のサーブは「トスの高さ」が鍵になる。

記事を見せた後，実際の○○選手のテニスのゲームを見せた。
T ○○選手にサーブのアドバイスをできるといいですね。そこで，テニスのサーブについて数学的に考えてみませんか？
S おもしろそう。
T それでは，サーブの打点の高さを数学的に求めてみよう。

- POINT
　この授業では，教師が提示する形になってしまったが，時間があれば生徒とのやり取りの中で「サーブの打点の高さを求めよう」という意見を引き出せれば，さらに意欲が高まる。

T　それでは，一緒に数学の問題にしていきましょう。

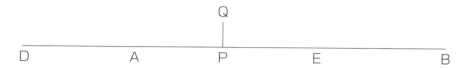

T　この図は，テニスコートを横から見た図です。ベースラインからベースラインまでの距離は DB で，23.77m です。サービスラインからネットまでの距離は，AP ＝ EP で6.40m になります。あとネットの高さは，PQ で0.914m になります。

T　Bからサーブを打つとして，Aのサービスラインまでに入れようとすると，どんなイメージになりますか？
　一人を指名して，前でかかせると下の図のようになった。

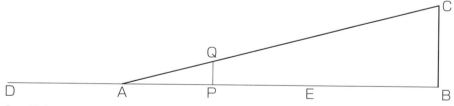

S　それでは，ボールの大きさが考えられていません。
S　ボールの大きさを考えるとややこしくありませんか？
T　どうしますか？
S　今回は，ボールの大きさを考えずに図の BC を求めることにしたら？
T　それでは，今回はボールの大きさを考えないようにしましょう。
　提示しているような問題になることを生徒とともに確認する。

②**数学の問題をグループで考える**

T　まずは，一人で解いてみましょう。

（**個人での解答例１**）

　$6.40 : (6.40 + 11.885) = 0.914 : x$

（**個人での解答例２**）

　6.40m →6.4cm，11.885m →11.9cm，0.914m →0.9cm として作図し，BC の長さを測って求める方法

T　次は，グループで考えてみましょう。

（**グループでの話し合いの様子**）

S　作図での解き方は正確な数字が出ないことない？

S　だって，11.885m や0.914m は正確に測れないから。

S　やっぱり，計算で求めた方がいいよ。

　話し合いの結果，すべてのグループが解答例１での説明を選択した。

---
**POINT**

　縮図での求め方も全体の発表で扱いたい場合は，数学の問題に変える段階で数値を変えておけばよい。DB を23.8m に，AP と EP を6.40m に，PQ を0.9m にしておく。

---

③**レポートを作成する**

　授業後に学んだことを，レポートにまとめる。このとき，図解がガイド的役割を果たす。

　生徒は，この授業での学びをまとめるだけでなく，「ボールの大きさも考えて解き直した」「バレーボールのジャンプサーブで考えた」「身長178cmで65cm のラケットでサーブを打った場合は何 cm ジャンプしなければいけないかまとめた」などのテーマで提出された。数学の問題として解くだけでなく，その結果から現実の問題としてさらに深く取り組んだり，他のスポーツについて考えたり，次の問題に取り組む姿が見られた。

第3章　ペア・グループ学習を位置づけた対話型授業モデル　157

## おわりに

　『平成』から『令和』に元号が変わろうとしている瞬間，筆者は筆をとっています。そして，『平成』という時代を静かにふりかえってみることにしました。平成２年４月初めて教壇に立った筆者にとっては，『平成』という時代は，教師として歩んだ道そのものでした。教師になった当初は，筆者の拙い授業を受けている生徒に申し訳なくなり，何度もやめようと思ったものです。そのたびに，思いとどまらせてもらったのが，生徒の「わかった」「楽しかった」という言葉でした。その生徒の言葉のおかげで，今まで教師を続けさせていただいたと感謝をしています。

　その中でも，特に印象に残っているのが，次の保護者の言葉でした。

　「先生，どんな数学の授業をしているんですか？」

と保護者から質問を受けました。

　「なぜそのような質問をするのですか？」

と聞くと，その保護者は，

　「息子が，数学の授業が待ち遠しくて待ち遠しくて仕方ないと言うのです。どれだけ楽しいか，一回父親にも授業を受けさせたいと言うのです。父親にも受けさせたいと思えるような数学の授業ってどんな授業なんだろうと興味をもったんです。自分が中学生のときに父親に受けてもらいたい授業なんてなかったんで」

と答えてくれました。

　父親にも受けさせたいと言ってくれた生徒の言葉。このような言葉をもらうたびに，「教師は授業が勝負」と自分に言い聞かせ，気持ちを新たにして教材研究に励んだものです。

　本書を執筆するに当たって，平成時代の筆者の数学教師としての集大成になる一冊にしようと考え，これまでに生徒の深い学びにつながったと考えられる授業を集めてみることにしました。そこで驚いたのが，そのほとんどが

158

ペア学習やグループ学習を用いた授業でした。そこには，ペア・グループ学習でしか得ることのできない学びがありました。そして，それらがうまく機能するような様々な工夫がしくまれていました。

　今，「主体的・対話的で深い学び」の視点からの授業改善が求められてから，ペア学習やグループ学習を取り入れた授業が増えてきました。しかし，現場では，うまくいかないという声も多く聞かれるようになってきました。そこで，「主体的・対話的で深い学び」の視点からの授業づくりに悩んでいる先生，ペア学習やグループ学習を取り入れてもうまくいかないと思っている先生，それらをさらに新しい視点から改善していきたいという先生に，筆者の取り入れた様々な工夫を紹介することにより，少しでもお役に立てればと思い，本書を執筆することにしました。

　本書で紹介している新しいペア・グループ学習の技法は，すべて生徒の声から生まれてきたものです。そのため，本書では，生徒の生の声を多く紹介することにしました。また，技法を取り入れた実践事例だけでなく，技法の説明も掲載させていただきました。型ではなく，そこに込められた意味を理解していただきたかったからです。そのため，明日からすぐに先生方に活用していただけるものになっているはずです。


　本書を執筆するに当たっては，筆者の表現力のなさから，生徒の生き生きとした授業の様子を文章にすることができず何度も挫折しそうになりました。それを乗り越えられたのは，企画から編集までお世話してくださっただけでなく，励ましの言葉と温かく見守っていただいた明治図書の赤木恭平さんの存在があったからです。ありがとうございました。

　また，このような実践的研究を進めてこられたのは，日々子どもたちの学びと真正面から向き合うことの大切さを教えていただいた師である甲南女子大学教授村川雅弘先生のおかげだと，心より感謝申し上げます。

令和元年5月

三橋　和博

【著者紹介】
三橋　和博（みつはし　かずひろ）
鳴門教育大学教職大学院を修了後，現在，徳島県那賀町立鷲敷中学校教頭。平成25年度中学校学習指導要領実施状況調査委員などを務める。環境教育プログラム「プロジェクト・ワイルド」のファシリテーター。主な著書として『「知の総合化ノート」で具体化する21世紀型能力―問題解決力・論理的思考力・コミュニケーション力などのスキルが身につく』（学事出版，2015年），『高校入試のつまずきを克服する！　中学校数学科アクティブ・ラーニング型授業』（明治図書，2016年）がある。主な受賞として，日本数学教育学会会長賞，学事出版教育文化賞，啓林館教育実践賞，上廣道徳教育賞など。

中学校数学サポートBOOKS
中学校数学科
ペア・グループ学習を位置づけた対話型授業

| 2019年8月初版第1刷刊 | ©著　者 | 三　橋　和　博 |
|---|---|---|
| | 発行者 | 藤　原　光　政 |
| | 発行所 | 明治図書出版株式会社 |

http://www.meijitosho.co.jp
（企画・校正）赤木恭平
〒114-0023　東京都北区滝野川7-46-1
振替00160-5-151318　電話03(5907)6702
ご注文窓口　電話03(5907)6668

＊検印省略　　　　　組版所　藤　原　印　刷　株　式　会　社
本書の無断コピーは，著作権・出版権にふれます。ご注意ください。

Printed in Japan　　　　　ISBN978-4-18-160672-5

もれなくクーポンがもらえる！読者アンケートはこちらから　→